감사의 글에서부터 감정이 벅차올랐습니다. 청년 시절 유치부 교사를 함께 섬기며, 매주 꼼꼼하게 공과 자료를 준비하고 그것들을 열정적으로 아이들에게 전해준 저자였기에, 이 책을 쓰기까지 얼마나 많은 기도와 삶으로 살아내려는 노력이 있었을지 눈에 선합니다.

이 책에는 신앙을 가진 모든 엄마들이 건강한 신앙관 안에서 하나님나라를 풍성하게 누리기를 바라는 마음이 가득 담겨있습니다.

자녀에게 올바른 신앙을 전수해 줘야겠다는 소망은 있으나 어떻게 해야 할지 막막한 분들이라면, 육아현장에서 치열하게 고민하고 시도해 보며 경험했던 저자의 은혜로운 이야기들이 매우 실질적인 도움이 될 것입니다.

이 책이 엄마들이 다시 말씀 앞으로 나아가는데 힘이 되기를 바랍니다. 무엇보다 이 책을 읽는 분들이 하나님 은혜 아래 각자의 『엄마가 된 나의 신앙이야기』를 써 내려갈 수 있기를 기대하며 기도합니다.

김고운 _ 좋은신앙습관 공동체 온리블 간사, 죽전우리교회 집사

책을 읽으며 많은 생각이 들었습니다. 전 늘 진리를 사랑한다고, 하나님을 아는 지식이 최고라고 떠들곤 했습니다. 그러다 어느 순간 '진리'라는 말이 멀게 느껴질 때가 있었습니다. 너무 많이 들어 익숙해진 건지, 자기 입맛대로 적용하는 경우가 많아서인지 잘 모르겠습니다. 가끔은 머리 위 구름처럼 붕 떠 있는 것 같기도, 내 주위 그늘처럼 희미한 것 같기도 했습니다.

저자는 자녀와 함께 진리를 살아가려 애씁니다. 하나님을 아는 지식이 '왜' 중요한지, 자신의 경험을 토대로 전합니다. 저자가 발 붙이고 서있는 육아의 현장 속에서 구체적으로 '무엇을' 자녀와 함께 나누었는지 알려줍니다. 그리고 자라나는 자녀들에게 그것을 '어떻게' 선날했는지, 그 방법을 구체적으로 소개합니다. 떠 있는 구름과 희미한 그늘이 아닌, 실제 감각과 삶이 된 하나님을 아는 지식을 말이지요.

글을 읽으며 둘째를 입양했던 때가 떠올랐습니다. '양자 됨'의 교리가 입양을 통해 뜨거운 눈물과 함께 제 마음에 새겨졌던 그날의 감격을 잊을 수 없습니다.

삶 가운데 교리를 경험하고 이를 실제로 살아낸 저자 역시 같은 마음일 거라 확신합니다. 진리대로 살고자 고민하고 몸부림치는 모든 부모님들에게 이 책을 권합니다.

김병재_ 은혜의동산 기독교학교 교사

이 책의 최고의 강점은 부모가 성경의 교리를 견고히 붙잡고 있는 것이 육아의 영역에서 얼마나 중요하고 실제적이며 유용한지를 보여준다는 점입니다. 특히 1부에서 각 주제마다 제시된 적절한 교리문답과 나눔 질문은 소그룹용으로 매우 용이합니다. 이 책의 2부에서 나타나는 두 번째 강점은 자녀를 신앙으로 양육하고 싶은 부모들에게 매우 꼼꼼하게 구체적이고 실제적 정보들을 제공해 준다는 것입니다.

육아를 전쟁이라고 부르는 시대에 이 책은 그리스도인 부모들의 육아 전투교범과 같습니다. 대부분의 부모에게 육아는 가보지 않은 길이기에 좌충우돌 실수투성이일 수밖에 없습니다. 그러기에 여전히 육아의 현장에서 살아가는 엄마로서 쓴 이 책은 많은 동료 엄마들이(아빠들에게도) 육아의 시행착오를 줄이는데 유익할 것입니다. 자신을 평범한 엄마(또는 아빠)라고 여기면서 저자의 고백과 제안들을 넘지 못할 벽처럼 느낄지도 모를 모든 독자들에게 저자의 이 말을 전하고 싶습니다. '자기밖에 모르던 죄인이 많은 것을 희생해 가며 한 사람을 키워내는 부모가 된다는 것은 기적과도 같은 일이지. 부모의 자리야말로 하나님이 세상의 모든 부모에게 주신 은혜의 자리란다' 그러므로 이 책을 읽으십시오.

김형익_ 벧살롬교회 담임목사, 『우리가 하나님을 오해했다』 저자 엄마가 되어보니 시시로 하나님을 의지하는 것이 무엇인지 깊이 경험합니다. 아이를 통해 하나님의 사랑을 더 깊이 깨닫고 행복을 누리는 반면, 연약함과 한계가 가득한 제가 한 생명을 키운다는 것이 모든 면에서 쉽지 않음을 알게 됩니다.

『엄마가 된 나의 신앙이야기』는 우리가 자격이 없음을 누구보다 잘 아심에도 우리에게 소중한 생명을 맡겨주신 주님의 은혜에 깊이 잠기게 합니다. 성경말씀과 교리를 바탕으로 쓰인 한 문장 한 문장이 너무나 힘이 있고, 하나님의 지혜와 복음이 가득합니다. 읽는 내내 이 땅에서 '엄마'라는 이름으로 살아가고 있는, 함께 읽고픈 사랑하는 이들의 얼굴이 계속해서 떠오릅니다. 이 귀한 책을 통해 하나님이 하실 일들이 진심으로 기대됩니다.

'자녀양육, 더 깊은 은혜의 자리로'라는 이 책의 부제에 고개가 끄덕여집니다. 주님만 의지하는 삶이 은혜의 삶이니, 육아는 더 깊은 은혜로의 부르심임을 기억하며 오늘도 그 부르심의 자리에 감사히 머무릅니다.

수이브호_『예쁜 말 성경』 그림 작가
성경통독모임 '디어바이블' 운영자, 하솜이 엄마

아이를 낳고 엄마가 되었다고 해서 신앙생활이 크게 달라질 건 없을 거라 생각했습니다. 하지만 생각 이상으로 엄마가 되어 신앙생활을 하는 건 참으로 어려웠습니다. 첫째를 낳고 둘째를 낳으면서 신앙이 점점 곤두박질치고 심령은 갈급해진 시점에, SNS를 통해 이슬기 사모님을 알게 되었습니다. 사모이자 일하는 엄마로서 아이들의 신앙교육을 잘 해내시는 모습에 많은 도전과 은혜를 받게 되었고, 이후 사모님께서 목사님과 진행하시는 온리블을 통해 성경통독과 가정예배를 다시 시작하게 되었습니다.

성경통독을 통해 신앙의 갈증이 해소되고 육아로 지쳐있던 영이 회복되었습니다. 그리고 가정예배를 통해서 막막했던 자녀 신앙교육에 대해 갈피를 잡게 되었습니다. 그동안 사모님을 통해 배우며 알아갔던 모든 것들의 집약체가 이 책이 아닌가 싶습니다. 왜 내가 먼저 하나님을 바로 알아야 하는지, 왜 우리

가정이 하나님의 말씀 안에서 세워져 가야 하는지, 왜 아이들에게 하나님을 사랑하고 이웃을 사랑해야 함을 알려줘야 하는지에 대한 이유와 방법이 정말 잘 담겨있다고 생각합니다. 부모가 된 하나님의 자녀들에게 위로와 통찰력을 주는 이 책을 자신 있게 추천합니다.

유생글_ 광주성암교회 사모

'부모는 자녀의 거울이다'는 말이 있습니다. 신앙인으로서 부모는 자녀를 키울 때 더 많은 고민을 하게 됩니다. 아들만 둘을 키운 저는 엄격한 학업 지도에 비해 신앙에 있어선 조금 자유롭게 키운 편입니다. 전 늘 교회 일로 분주했고, 다행히도 두 아들 모두 교회 안에서 반듯하게 잘 자라주었습니다.

이 책을 읽으면서 제가 신앙적으로 무지한 엄마였음을 알게 되었습니다. 저자를 통해 많은 것들을 다시 배울 수 있었습니다. 이 책은 이 시대의 엄마가 자녀와 함께 은혜의 자리로 나아가는 모습이 담긴 '신앙육아 교리서'라고 할 수 있겠습니다. 단순한 간증서가 아닌, 말씀과 기도와 예배 등 신앙의 중요한 기본 개념들에 대한 성경적, 신학적(교리적) 내용들이 잘 정리되어 있는 책으로, 자녀를 온전하고 단단한 신앙인으로 양육하기 위한 실전 교과서와도 같은 책입니다. 이런 신앙 교육서를 이전에는 거의 보지 못했습니다.

또한 딸이 엄마가 되었을 때를 생각하며, 엄마로서 딸에게 남기는 사랑의 편지와도 같은 책으로 글이 따스하고 뭉클합니다. 저자의 탄탄한 필력과 참신한 구성이 돋보이는 책입니다. 이 책은 자녀를 올바른 신앙인으로 키우려는 부모님들에게 많은 도움이 될 것입니다.

윤미순_ 계산제일감리교회 권사

엄마가 된 나의 신앙이야기

엄마가 된 나의 신앙이야기

자녀양육, 더 깊은 은혜의 자리로

이슬기

지우

✳ 차례

자녀를 키우며 드러난 나의 밑바닥 모습을 보며 단 한 번도 질책하지 않고 괜찮다고, 그럴 수 있다고 너그럽게 이해해 준 남편 덕분에 포기하지 않고 은혜의 자리에 나아갈 수 있었습니다. 이 책의 저자는 이슬기이지만, 담긴 모든 말씀과 교리에 대한 감수는 저의 남편이자 목자인 김대로 목사님이 해주셨습니다. 어떤 내용을 쓰고 싶다고 얘기하면 참고도서를 찾아주고 한 페이지, 한 챕터를 쓸 때마다 검토해 달라고 쫓아다니는 저를 사랑으로 지지해 주었던 남편에게 존경과 감사를 전합니다.

좋은 부모의 모습으로 행복한 가정을 선물해 주신 부모님께 감사를 드립니다. 매주 저를 위해 기도해 주시는 엄마와 매주 저의 기도제목이 되어주셨지만 이제는 저를 위해 기도해 주시는, 하나님을 믿게 된 사랑하는 아빠에게도 감사를 드립니다.

저의 신앙의 뿌리를 튼튼하게 만들어주신 예수가족교회 백금산 목사님과 김은주 사모님께도 감사드립니다. 부족한 저를 사모로 섬겨주며 함께 하나님나라 공동체를 이뤄가는 청라예수가족교회 교인들에게도 감사를 전합니다.

마지막으로 이 책의 방향 때문에 언급량이 적었던 소중한 나의 아들, 은찬이에게 고마운 마음을 전합니다. 고집 센 저를 닮은 녀석 덕분에 저는 성화의 은혜에 더욱 간절히 매달리게 되었고, 회개의 은혜를 더욱더 풍성히 누리게 되었습니다. 종종 야곱과 닮은 저의 고집이 하나님의 은혜로 선하게 발현될 때가 있습니다. 거룩한 목표 앞에 포기하지 않고 씨름할 때입니다. 저를 닮은 은찬이의 이러한 성품이 자신의 삶을 얼마나 단단하게 만들어갈지 기대됩니다. 훗날 하나님을 깊이 만난 뒤 은찬이의 이 단호한 성품이 하나님나라를 위해 더욱 아름답게 쓰이길 기대합니다.

좋은신앙습관 공동체 온리블 대표
이슬기

아버지와 가장의 자리는 존경받을 만한 자리이기도 하지만 무거운 책임을 느끼는 자리이기도 합니다. 우리는 늘 성과와 경쟁으로 물든 일터에서 고단한 시간을 보낸 뒤, 늦은 밤 노곤한 몸을 이끌고 집으로 돌아와 지친 모습으로 가족들을 마주합니다. 사랑하는 가족들과 정겨운 저녁시간을 보내고 싶은데 심신은 지쳐 쉬고만 싶습니다. 그래서 가족들에게 늘 미안한 마음입니다. 우리는 가정을 위해 수고하지만, 정작 가장 중요한 것을 놓치면서 가정의 평안을 바랍니다.

　아내와 아이들과 눈 맞추는 시간이 줄어들면, 마음의 간격이 점점 멀어집니다. 마음이 멀어지게 되니 가장으로서의 영향력이 줄어들면서, 하나님께서 맡기신 아버지로서의 역할을 다 하지 못할 때가 많아집니다. 아이들에게 가장 큰 영향력을 미치는 사람임에도 불구하고 가정에서 있으나마나 한 존재가 되기도 합니다.

그러나 여러분, 하나님께서 가장에게 주신 권한과 책임을 놓지 않으시길 바랍니다. 아빠는 가정을 지키고 무엇보다 아이들에게 신앙의 본이 되어야 합니다. 자녀들을 주의 교훈과 훈계로 양육하는 일에도 최선을 다해야 합니다. 양육의 짐이 엄마에게만 과도하게 집중되어서는 안 됩니다. 바쁘고 분주한 상황에도 우리는 지혜롭게 시간을 확보해야 합니다. 이는 하면 좋고 안 해도 그만인 일이 아닙니다. 우리 가족의 생명과 영원의 문제가 달린 일입니다.

이 책의 도움을 받으시길 바랍니다. 이 책은 엄마는 물론 아빠를 포함한 모든 부모가 자녀 신앙교육의 기본 지침서로서 활용할 수 있습니다. 이 책은 다음과 같은 특징이 있습니다.

첫째, 이 책은 저자 개인의 주관적인 생각이 아닌, 성경과 중요한 역사적 신앙고백의 바탕 위에 쓰였습니다. 그래서 교회와 가정에서 안전하게 받아들일 수 있습니다.

둘째, 책의 내용이 실제 육아현장에서 일어나는 일들이기에 매우 현실적입니다. 육아를 하다 보면 수많은 생각들이 부모의 마음을 사로잡습니다. 말을 듣지 않는 아이를 어떻게 가르쳐야 할까', '아이와의 감정 문제를 어떻게 대해야 할까', '세상교육과 신앙교육 사이에서 어떻게 균형을 잡아야 할까',

'나는 과연 아이를 잘 키우고 있는 걸까' 등과 같이, 아이를 키우며 마주하는 다양한 상황과 고민 가운데 쓰인 책이기에 독자는 저자의 고민에 깊이 공감하게 될 것입니다.

셋째, 실전육아와 신앙을 연결해 줍니다. 이 책은 육아현장에서의 고민과 문제를 성경과 교리의 내용을 통해 해결해 갈 수 있도록 돕습니다. 일상적인 상황을 어떤 진리와 접목해야 하는지를 알려줍니다. 예를 들면, 섭리 교리는 미래의 불안 가운데 신자에게 안정과 확신을 주고, 하나님의 통치하심은 영적 질서의 필요와 유익을 일깨워 준다는 것입니다. 이렇게 성경과 교리의 내용을 통해 부모에게 위로와 도전, 올바른 방향을 제시하여 하나님만을 바라보도록 인도합니다.

『엄마가 된 나의 신앙이야기』는 이렇게 성경과 역사적 신앙고백의 기반, 실제 육아현장에 대한 공감, 그리고 실전육아와 신앙의 연결이라는 세 측면에서 엄마는 물론 아빠들에게도 큰 도움이 될 것입니다. 그리스도가 교회를 사랑하시듯 아내와 아이들을 사랑하고, 하나님께서 우리를 길러가시듯 자녀의 신앙교육에 함께 참여하셔서 자녀를 하나님의 사람답게 키워가는 은혜가 있기를 바랍니다. 이 책을 읽는 모든 부모님들을 주의 이름으로 축복하고 격려합니다.

좋은신앙습관 공동체 온리블 책임목사
김대로

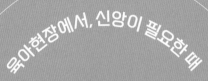

육아현장에서, 신앙이 필요한 때

Part 1

어렸을 때부터 아기 인형을 업고, 엄마가 되고 싶어 했던 나의 딸. 동생을 지극히 보살피며 엄마가 되고 싶어 결혼하고 싶다던 네가 커서 정말 엄마가 되었을 때 무엇을 쥐어주며 보내야 할까? 손가락 몇 번 움직이면 모든 정보가 쏟아지는 시대이지만, 신앙을 가진 엄마가 너를 키우며 가진 고민은 쉽게 답을 내릴 수 없는 것들이 많았단다. 이 책에 그런 엄마가 너를 키우며 하나님 앞에 했던 고민들을 적어보려 해.

엄마가 된 새로운 삶은 예수님을 따르는 가장 행복한 길이란다. 섬기기 위해 이 땅에 오신 예수님을 따라가는 길은 죄인인 우리가 걷기에 결코 쉬운 길이 아니란다. 그런데 엄마가 되면 그 길을 행복하게 가는 연습을 하게 돼. 사랑하기 때문에 기꺼이 희생할 수 있음을 자식을 통해 배우게 되는 거지. 쉬기 위해 가는 여행지마저도 너희들이 좋아하는 곳을 고르고 골라서 결정했고, 너희들이 그 안에서 행복해하는 모습을 볼 때면 엄마도 정말 행복했단다. 네가 기쁘면 엄마도 기뻤지. 진정으로 우러나는 이웃사랑의 경험을 너를 통해 배우게 되었어.

용서할 수 없는 죄도 자식이라면 몇 번이고 너그럽게 용서하고, 때로는 네가 잘못했을 때 대신 사과하고 그 값을 치르기 위해 그 어떤 보상도 마다하지 않고 심지어 무릎조차 꿇을 수 있는 부모의 마음을 배우게 되었어. 무엇보다 그로 인해 우리의 죗값을 치러 주신 예수님의 십자가 사랑을 온 마음으로 알게 되었단다.

하지만 아이를 낳으면 뭐든지 다 해줄 수 있을 것만 같았던 다짐도 죄인인 엄마의 본성 앞에 와르르 무너지는 날들이 많았단다. 선한 소명과 엄마의 욕심 사이에서 투닥투닥 씨름하며 하루를 보낸 뒤 너의 자는 모습을 보면 왜 그리 미안한 것만 생각나던지. 부족함 투성이었던 엄마는 너의 진정한 아버지 되신 하나님의 은혜에 기대어, 엄마의 부족한 부분도 채워주시길 기도하며 너희를 키웠단다.

엄마는 씻지 못해 떡 지고 헝클어진 머리를 하고서도 네가 지저분한 것이라도 만지면 물로 깨끗이 닦아주고, 예민한 너의 피부에 자극을 주지 않으려 입고 싶었던 블라우스 대신 잘 늘어나는 부드러운 옷을 입으면서도 네가 웃으면 세상을 다 가진 것 같았어. 그렇게 정성을 다 하면서도 가끔은 내가 지금 잘 하고 있는 것일까, 하나님께서 맡기신 너를 잘 키우고 있는 것일까? 늘 고민해 왔어.

은하야, 훗날 아이들에게 좋은 엄마가 되고 싶은 엄마의 한계로 마음이 괴롭다면, '섭리가 필요한 때'를 읽어보렴. 아이들을 키우며 예배와 멀어지게 되어 고민이 된다면, '예배가 필요한 때'를 읽어보렴. 아이들에게 공부시키느라 열심을 내면서도 이래도 될까, 마음이 불안하다면 이 땅에서의 '소명이 필요한 때'를 읽어보렴. 사랑하는 자녀이지만 너의 말을 듣지 않아 마음이 괴롭다면 '복음이 필요한 때'를 꺼내어 읽어보렴. 너희들을 키우며 고민했던 신앙의 이야기를 담아 한 자 한 자 꾹꾹 눌러쓴 이 책이 네게 작은 도움이 되기를 바란다.

자기밖에 모르던 죄인이 많은 것을 희생해 가며 한 사람을 키워내는 부모가 된다는 것은 기적과도 같은 일이지. 부모의 자리야말로 하나님이 세상의 모든 부모에게 주신 은혜의 자리란다. 특별히 하나님을 믿는 부모들은 서툰 육아의 순간에도 하나님의 은혜를 누릴 수 있게 돼. 그래서 자녀를 키우는 부모는 더 깊은 은혜의 자리로 나아갈 수 있는 것이란다.

손에 고생 한 방울 묻히지 않고 자라길 바라는 엄마의 마음이지만, 네가 엄마가 되어 겪을 수많은 시행착오의 과정마다 주께서 반드시 너를 붙들어 주시리라는 믿음으로 이 긴 편지를 시작해 보려 해. 네가 엄마가 되었을 때는 지금보다 더 많은 교육이론과 학습교구들이 쏟아지겠지. 하지만 엄마는 네가 그때에도 변함없는 영원한 하나님의 진리를 가장 먼저 붙들기를 기도해. 그때 이 책이 네게 도움이 되길 바라며 기도하는 마음으로 써보려 해. 하나님께서 너와 이 글을 읽는 모두에게 은혜 주시기를 간절히 소망하며 『엄마가 된 나의 신앙이야기』를 시작해 볼게.

은하를 사랑하는 엄마가

엄마로 살아가는 것은 고단함이 쌓여만 가는 일인지도 모릅니다. 나 외에 한 사람을 더 돌봐야 하기에 할 일은 더 많아지고, 점점 더 분주해져만 갑니다. 그러나 부모가 되어 좀 더 알게 되는 하나님의 은혜가 있습니다. 자녀를 바라보고 한없이 용서하는 가운데 알아가는 하나님의 사랑, 자녀를 바른 길로 인도하기 위해 타협할 수 없는 기준을 세우며 알아가는 하나님의 공의로움… 우리는 부모의 삶을 통해 아버지 되신 하나님의 마음을 조금씩 알아갑니다.

저는 신학생이 아닙니다. 그러나 하나님을 믿는 모든 사람은 하나님을 알아가는 신학생입니다. 이것을 알려주신 청년 시절 저의 담임 목사님 덕분에 아이를 낳기 전에 신앙의 뿌리를 튼튼히 배우고 출산을 맞이하게 되었지요. 교회에서 배우는 하나님의 말씀이 참 좋았습니다. 남편은 사역지로 가고 저는 운전을 할 줄 몰라 홀로 백일 된 아이를 아기띠에 품고 한 시간 남짓 지하철을 타는 고된 길이었지만, 교회 가는 길은 늘 설레었습니다.

육아의 망망대해에서 말씀은 제게 등대가 되어주었습니다. 쏟아지는 육아정보들 사이에서도 자녀를 키우며 만나는 고민과 질문은 결국 저를 말씀 앞으로 이끌었습니다. 친구와 어떻게 지낼 수 있도록 도와야 하는지, 신앙교육뿐만 아니라 학습교육은 어떤 마음으로 시켜야 하는지 등 육아는 수많은 결정의 연속이었습니다. 그때 많은 사람들이 가는 길을 무작정 좇기보다는, 말씀 안에서 지혜를 구하며 기도의 자리에서 하나님께 묻는 시간이 필요합니다. 지혜를 구하는 자들에게 꾸짖지 아니하시고 후히 주시는 좋으신 하나님께 나아가야 합니다.

신학은 다소 딱딱하다거나 신학을 하면 은혜가 떨어진다는 말이 있습니다. 하지만 말씀과 교리는 제 육아현장에서 가장 큰 은혜가 되었습니다. 밤낮으로 깨어 수유하고 기저귀를 갈고 헝클어진 저의 모습을 보면서도, 이 땅을 보존하고 다스리는 하나님의 일하심에 함께 한다는 소명으로 인해 슬픔에 사로잡혀 낙담하지 않았습니다. 제가 엄마가 되고 아이를 키우며 가졌던 고민들을 통해 어떻게 교리가 삶으로 적용되는지를 나누고자 합니다. 부족한 엄마였던 제가 말씀을 통해 얻게 된 작은 깨달음들이 아이를 키우는 나의 동지, 엄마들에게 도움이 되기를 바랍니다.

저와 같은 엄마들을 위해 이 책을 썼습니다. 그리고 지금은 나의 자녀이지만 나중에 엄마가 될 소중한 딸 은하에게 남기는 편지라 생각하며 써 내려갔습니다. 이 책을 통해 쓰일 엄마가 된 여러분의 또 다른 신앙이야기를 기대합니다. 육아의 시기에 힘들어 포기하고 싶을 때, 어떻게 해야 할지 갈피를 잡지 못할 때마다 꺼내보는 친구 같은 책이 되길 바랍니다.

* 신자인 엄마가 아이를 키우며
분투하고 고민한 삶의 이야기

* 지금을 살아가는 이 시대의 엄마가
자녀와 함께 은혜의 자리로 나아갔던
실전 신앙교육 이야기

『엄마가 된 나의 신앙이야기』를 시작합니다.

이슬기 사모 드림

섭리가 필요한 때,
제가 아이를 잘 키울 수 있을까요?

안녕 아가야

결혼 한 달 뒤, 하나님께서 소중한 아이를 주셨습니다. 지금 병원에 가도 초음파에 아무것도 안 보이니 조금 더 있다 가라는 엄마 선배들의 말을 듣고도, 기어이 병원에 가서 임신을 확인하고 아기집을 보고 왔습니다. 하나님이 사람을 만들기 전에 세상을 창조하신 것처럼 열 달간 아이가 머물 아기집이 먼저 생겼습니다. 아직 아가가 보이지 않는 아기집을 날마다 바라보며, '보시기에 좋았더라' 말씀하신 주님의 창조의 신비를 묵상하고 태어날 아기를 마음에 그려보았습니다.

6주 차에 들어 처음 아기 모습을 본 날, 쿵쿵쿵! 그 작은 몸에서 힘차게 뛰는 심장 소리를 들으며 생명이 자라고 있음을 보았습니다. 그렇게도 작던 생명체는 이내 시간이 지나며 팔과 다리, 뼈와 장기까지 주수에 맞춰 형성되었고, 엄마의 몸은 점점 아기를 낳기에 가장 좋은 몸으로 변하고 있었습니다. 임신 과정 동안 온몸으로 겪은 창조주 하나님의 놀라운 섭리였지요.

이렇게 하나님은 세상을 보존하시기 위해 모든 자연 만물에게 제각각 맞는 품성을 주셨습니다. 나무는 햇빛과 물을 통해 자라고, 벌은 꽃을 찾아다니며, 고래는 물속에서 알 대신 새끼를 낳습니다. 게다가 땅에 발을 딛게 하는 보이지 않는 중력과 빠르게 달리다가 멈추면 앞으로 계속 가게 되는 관성과 같은 보이지 않는 힘까지, 하나님께서 설계하신 질서 아래 세상 만물이 운영되고 보존됩니다.

그뿐만이 아닙니다. 하나님은 창조하신 세상을 알아서 움직이도록 내버려 두지 않으시고 친히 개입하셔서 인격적으로 다스리십니다. 과거와 현재 미래를 모두 아시는 주님께서는 그분의 눈에 보이지 않는 아주 작은 생물부터 복잡한 인간의 삶까지 모든 피조세계의 생사화복을 직접 통치하십니다.

"여호와는 죽이기도 하시고 살리기도 하시며 스올에 내리게도 하시고 거기에서 올리기도 하시는도다. 여호와는 가난하게도 하시고 부하게도 하시며 낮추기도 하시고 높이기도 하시는도

다"(삼상 2:6-7)

부족한 엄마라도 괜찮을까

자녀에게 좋은 환경을 제공해 주고 필요한 것을 아낌없이 공급해 주고 싶은 것이 부모의 마음입니다. 그러나 부모는 모든 것을 완벽하게 준비할 수 있는 존재가 아닙니다. 이 땅에서 먹는 것, 입는 것, 만나는 사람은 물론 날씨, 나라의 정책, 입시제도의 변화 등 자녀에게 필요한 모든 환경을 제공하고 통제하기란 불가능합니다. 설사 완벽하게 모든 것을 제공한다고 하더라도 지식과 지혜에 한계가 있는 사람의 결정이기에, 그것들이 자녀에게 가장 좋은 환경일지는 장담하기 어렵습니다.

이렇게 부족한 부모에게 하나님의 섭리란 어찌나 감사한 은혜인지요! 열 달간 엄마의 뱃속에서 자라게 하시고 그 가운데 보호해 주시는 은혜는 물론, 부모의 부족한 결정과 말투와 행동 아래에서 자란 아이일지라도 주님께서 친히 개입하셔서 선하게 인도하시고 다스리시니 이 모든 것이 참으로 은혜가 아닐 수 없습니다. 심지어 하나님의 뜻을 거스르는 행동 아래서도 하나님은 자신의 뜻을 반드시 이루어 가는 분이십니다.

요셉의 형들이 벌인 모진 사건 아래에서도 하나님은 보이지 않는 섭리로 야곱의 가정을 지켜주셨습니다. 동생을 팔아버린 죄악 된 모습에도 불구하고 그들을 기근에서 구하심으로, 복의 근원이 되게 하리라는 아브라함과의 언약을 신실하게 지키셨습니다. 복음을 전하다 공회에 끌려간 스데반은 예수님이 그리스도임을 전하다 순교했습니다. 그의 피흘림은 교회를 향한 더 큰 박해로 이어졌지만, 이것이 오히려 온 유대와 사마리아로 복음이 전파되는 계기가 되었습니다.

이처럼 섭리란, 하나님이 우리 가정에게 고통과 아픔을 주실 리가 없다는 생각이 아니라 때때로 찾아오는 고통과 아픔조차도 하나님의 일하심 아래 있다는 확신입니다. 이 땅에 머물다 가는 잠깐의 삶으로는 영원하신 하나님나라의 계획을 알 수 없고, 유한한 인간인 우리가 무한하신 하나님의 모든 계획을 다 이해할 수 없습니다. 하지만 확실한 것은 주님께서 우리를 선하게 인도하신다는 사실입니다. 지금이 내가 생각하는 삶의 모습이 아니더라도 하나님께선 그러한 삶을 통해서도 당신의 계획을 이루어 가시며, 선하고 아름다운 열매를 맺어 가실 것입니다. 그러니 부족한 환경에서도 보호하시고 돌보시는 하나님을 바라보며, 자신을 질책하지 말고 전능하신 하나님의 그늘 아래 자녀를 길러가야 합니다. 섭리의 은혜를 누리는 부모는 세상 어떤 이슈와 환경에서도 마음을 지키고 견고한 심지로 자녀를 양육합니다.

"여호와는 자기를 의지하고 마음이 한결같은 자에게 완전한 평안을 주신다. 너희는 여호와를 항상 신뢰하라. 주 여호와는 영원한 반석이시다"(사 26:3-4, 현대인의 성경)

오늘날 부모의 무게

부모의 불안은 점점 높아지고 책임은 더욱 요구되는 시대입니다. 계속해서 쏟아지는 새로운 육아용품들, 비슷한 물건도 다르게 파는 각종 브랜드 사이에서 부모는 계속 무언가를 구매함으로 부모로서 부족한 부분을 채워가려 합니다. 이윤을 내야 하는 회사는 소비를 일으키기 위해 이것이 없으면 무엇이 문제이고, 그래서 이것이 왜 꼭 필요한지를 끊임없이 호소합니다. 이 성분은 절대로 들어가면 안 된다, 이건 꼭 들어가야 한다, 이런 건 꼭 해줘야 한다 등의 교묘한 상업적 메시지를 통해 수시로 부모의 불안감을 자극합니다.

먹든지 마시든지 하나님의 영광을 위해서 하라는 말씀은 까맣게 잊고 불안과 책임에 쫓겨 자녀를 키웁니다. 하나님을 향한 믿음, 말씀과 기도가 아닌 내가 구매한 이 물건과 이 먹거리, 내가 선택한 이 교육방법이 우리에게 당장 더 필요하다고 여깁니다. 우리는 하나님보다 더 중요한 것, 더 사랑하는 것, 더 필요한 것들이 바로 우상임을 알지 못한 채 살아갑니다. 물론 부모는 이 땅에서 자녀를 기르는 하나님의 대리인이자 자녀의 보호자이기에, 아이에게 필요한 것은 최선을 다해 공급해줘야 합니다. 하지만 이 모든 것이 우리의 모든 필요를 아시고 그 모든 필요의 공급자 되시는 하나님 보다 앞설 수 없습니다.

게다가 요즘은 SNS로 쉽게 다른 가정의 이야기를 접할 수 있습니다. 그러다 보니 다른 가정과 계속 비교하며 좋은 집과 식사, 넉넉한 교육과 놀이, 여행 등을 남들만큼 해주지 못했다는 현실에 좌절하기도 합니다. 한 사람이 진정으로 사람답게 변화되는 것이 하나님을 만날 때임을 알고 있음에도 불구하고, 성공한 다른 사람들의 모습이 우리 아이에게 더 유익할 거라고 생각합니다. 마음으로부터 변화되는 새 사람을 소망하기보다 세상의 다양한 경험과 지혜를 더 중요하게 여기며 괴로워합니다.

돌보시는 은혜, 섭리

이런 시대를 살아가는 우리에게 필요한 것이 바로 하나님의 섭리를 기억하고 신뢰하는 것입니다. 부모가 아무것도 하지 않고 하나님께 책임을 떠넘겨서는 안 됩니다. 할 수 있는 데까지 최선을 다하고 결과는 주님께 맡기는 것입니다. 모든 것을 다 해주는 완벽한 육아를 실현하느라 자신을 괴롭히지 않아도 됩니다. 가장 좋은 방법을 찾느라 이곳저곳 헤매지 않아도 됩니다. 하나님께서는 우리가 훌륭하게 부모 역할을 해내지 못할 것을 알고 계심에도 우리에게 자녀를 맡겨 주셨습니다. 하나님께서 지금까지 우리를 인도하셨던 것처럼, 그리고 성경의 수많은 믿음의 선배들을 인도하셨던 것처럼 우리의 자녀들 또한 친히 인도해 가실 것입니다.

그래서 부모가 되는 것은 더 깊은 은혜의 자리로 나아가는 특권입니다. 우리의 삶뿐만 아니라 자녀의 삶에서도 일하시는 하나님을 바라보며 더 견고히 주님만을 의지하도록 훈련합시다. 때로는 이해할 수 없는 고통과 받아들일 수 없는 아픔도 찾아올 수 있고, 욥처럼 이유를 알 수 없는 상황에서조차 천지를 창조하신 하나님 앞에 그저 겸손히 엎드려야 하는 날들도 있을 것입니다. 그럴 때조차 하나님께서 반드시 우리를 인도하신다는 믿음으로 살아가야 합니다.

전지전능하신 창조주 하나님께서 미약한 우리와 관계를 맺어주시고, 우리를 보존하시며 다스리신다는 것은 참으로 크나큰 은혜입니다. 죄인들을 내버려 두실 수도 있는데 우리를 포기하지 않으시고, 늘 개입하셔서 다스리신다는 사실이 연약한 우리 부모들에게는 가장 큰 힘과 위로가 됩니다. 크고 작은 모든 피조물들의 하루도 빠짐없는 모든 날이 주님의 손에 있습니다.

> "너희 아버지께서 허락하지 않으시면 그 참새 한 마리도 그저 땅에 떨어지는 법이 없다. 하나님은 너희 머리카락도 다 세고 계신다. 그러므로 두려워하지 말아라. 너희는 많은 참새들보다 더 귀하다"(마 10:29-31, 현대인의 성경)

그러기에 하나님의 섭리 아래 살아가는 부모는 갑작스러운 상황에도 크게 요동치지 않게 됩니다. 시시각각 변하는 이 시대에 우리 아이를 어떻게 키워야 하나, 발을 동동 구르며 염려하지 않아도 됩니다. 우리는 하나님의 섭리를 믿기에 부모로서 최선을 다하고 모든 결과는 그분께 맡겨드릴 수 있는 것입니다. 최종 주권자는 하나님이시기에 자녀를 나의 작품으로 만들려는 욕심을 버리고 겸손히 주님께 맡겨드릴 수 있는 것입니다. 자녀의 미래가 나의 열심으로만 빚어지는 것이 아니기에, 나의 한계를 마주할 때마다 좌절하지 않고 엎드려 주님의 도우심을 간구하게 되는 것입니다.

저는 유난히 입덧이 심했습니다. 6주간 물 한 모금 먹지 못하고 하루 종일 변기를 붙잡고 지내다 수분부족과 영양실

조로 병원에 입원하기도 했습니다. 혼자의 힘으로 아이를 키울 수 없다는 것을 아기가 태어나기 전부터 이미 깨달았습니다. 이대로 임신을 유지할 수 있을까 늘 염려하며, 아무것도 해줄 수 없는 부모의 연약함을 인정했습니다.

자녀를 키우는 것은 이러한 과정의 반복입니다. 부모가 자녀를 위해 많은 것을 해주는 것 같고 실제로 그것이 큰 영향을 끼치기도 하지만, 궁극적으로 한 사람의 인생을 인도하시는 분은 하나님이십니다. 이것은 마치 컴퓨터와 같이 우리가 프로그래밍되어서 이미 정하신 계획에 따라 자동으로 움직이는 것이 아닙니다. 섭리는 인간의 자유의지를 허용하시고도 하나님의 계획으로 인도하시는, 우리로서는 완벽히 이해할 수 없는 놀라운 은혜입니다.

그러니 내가 아이를 잘 키울 수 있을지, 이렇게 하는 것이 맞는지 더 이상 염려하지 맙시다. 자녀양육은 더 이상 부모의 결과물이 아닙니다. 한 사람의 인생 뒤에는 그의 진정한 부모 되신 좋으신 하나님이 계십니다. 나와 내 자녀의 아버지 되신 그분께서 우리를 선하게 인도하실 것입니다. 따라서 자녀양육은 하나님의 섭리를 바라보며 믿음으로 걸어가는 더 깊은 은혜의 자리입니다.

📕 하이델베르크 교리문답

1문: 사나 죽으나 당신의 유일한 위안은 무엇입니까?

답: 사나 죽으나 저는 제 것이 아니요, 제 몸과 영혼 모두 저의 신실하신 구주 예수 그리스도의 것이라는 사실입니다. 그리스도께서는 그분의 보혈로 저의 모든 죗값을 완전히 치르시고 저를 마귀의 모든 권세에서 해방하셨습니다. 또한 하늘에 계신 저의 아버지의 뜻이 아니면 머리털 하나도 땅에 떨어지지 않도록 저를 보호하시며, 모든 것이 합력하여 저의 구원을 반드시 이루게 하십니다. 그러함으로 그리스도께서는 그분의 성령으로 말미암아 제가 영생받았음을 확신하게 해주시고, 이제부터는 온 마음을 다하여 기꺼이 그리고 어느 때든지 그리스도를 위해 살게 하십니다.

28문: 하나님께서 모든 것을 창조하시고, 섭리로 여전히 보존하심을 아는 것이 우리에게 어떤 유익을 줍니까?

답: 우리는 어떠한 역경 가운데서도 인내할 수 있고 형통할 때는 감사할 수 있습니다. 또한 장래에 우리에게 어떤 일이 일어나도, 어떤 피조물이라도 우리를 하나님의 사랑에서 끊을 수 없게 하시는 신실하신 하나님 아버지를 굳게 신뢰할 수 있습니다. 모든 피조물이 다 하나님의 손 안에 있으므로 하나님의 뜻이 아니면 어떠한 일도 일어날 수 없습니다.

1. 부모로서 자녀에게 모든 것을 해줄 수 없는 한계를 느낀 적은 언제
   인가요?

2. 부모의 한계를 느낄 때 나는 주로 어떤 행동을 하나요?

3. 자녀가 부모의 작품이 아님에도 욕심을 내거나 자책하는 순간은 언
   제인가요?

4. 고통 속에 있을 때도 하나님의 섭리를 인정하나요?

5. 하나님께서 섭리로 다스리시는 은혜를 아는 것이 부모에게 주는 유
   익은 무엇인가요?

통치가 필요한 때,
저도 예수님처럼 잘 가르칠 수 있을까요?

부모, 가르치는 자가 되는 것

한 생명을 사람답게 길러내기 위해 가르쳐야 할 것이 참 많습니다. 먼저, 신체적으로 건강하게 키우기 위해 골고루 먹이고, 제 때 재우며 연령에 맞게 신체가 발달할 수 있도록 도와야 합니다. 뿐만 아니라 아이들이 이 땅에서 사람답게 살아가기 위해 필요한 문화와 예절 등 삶에 필요한 전반적인 모든 것을 가르쳐야 합니다. 더불어 성인이 되어 사회의 구성원으로서 제 몫을 다 할 수 있도록, 학습을 통해 지식을 쌓게하고 다양한 문제 해결 능력을 키워주어야 합니다. 그리고가장 중요한 하나님나라의 백성답게 살아갈 수 있도록 신앙으로 잘 양육해야 합니다. 이렇듯 부모는 신앙은 물론 수많은 영역에서 자녀를 가르치는 자입니다.

그러나 우리와 마찬가지로 자녀들 역시 본성이 죄인이기에 쉽게 다른 사람의 말을 듣지 않습니다. 고집스럽게 자신의 뜻을 주장하기도 하고, 아직 표현하는 방법을 익히지 못한 탓에 갑자기 소리치거나 드러누워 떼를 쓰기도 합니다. 거듭되는 아이의 다듬어지지 않는 모습을 바라보다가 결국 '우리 애는 왜 저럴까'라며 이내 지쳐 체념하기도 합니다. 더불어 요즘은 교육의 많은 부분을 기관에 의탁하고 있는 시대이기에, 부모가 어떠한 마음가짐과 태도로 자녀를 가르쳐야 할지 부모의 역할에 대한 더 많은 고민이 생깁니다.

가정의 질서

자녀를 잘 가르치기 위해서는 먼저, 부모는 가르치는 자로 자녀는 배우는 자로의 질서가 세워져야 합니다. 권위 있는 부모가 되어야 하는 것입니다. 그런데 요즘 시대에 권위라는 말은 듣기만 해도 어딘가 답답하고 불편합니다. 부모와 자녀의 관계는 물론 목사와 성도, 지도자와 국민, 교사와 학생 사이의 모든 권위가 무너져 가고 있습니다. 하나님께서 이 땅을 유지하시기 위해 세우신 다양한 권위가 있음에도 우리는 그들의 권위를 거부합니다. 자신이 왕이 되어 살아가고 싶기 때문입니다. 이렇듯 권위는 자신이 원하는 대로만 살고 싶어 하는 현세대에게 부정적인 이미지가 되었습니다.

> "누구든지 정부 당국에 복종해야 합니다. 모든 권력이 다 하나
> 님에게서 나왔기 때문입니다"(롬 13:1, 현대인의 성경)

권위란 '통솔하고 따르게 하는 힘'을 말합니다. 거룩하고 바른 권위는 통치 아래 있는 자를 평안하게 하고 올바른 자유를 누리게 합니다. 역사 속에서 성군과 폭군 아래 살던 사람들의 삶의 질이 크게 달랐던 것만 보아도, 우리는 바른 권위의 중요함을 알 수 있습니다. 가정 안에서도 마찬가지입니다. 부모의 통치와 그에 따라 세워진 가정의 규칙과 질서는 자녀를 억압하기 위한 것이 아닙니다. 바르고 거룩한 규칙은 자녀들에게 안정감을 줍니다. 바른 규칙 없이 매번 감정에 따라 들쑥날쑥 바뀌는 부모의 태도가 오히려 자녀들에게 더 큰 불안감을 줍니다.

이렇게 제대로 된 권위를 발휘하지 못하는 우리에게 바른 권위의 본을 보여주신 분이 계시니 바로 하나님이십니다. 우리는 태초부터 지금까지, 그리고 앞으로도 영원히 그분의 통치 아래 살아갈 것입니다. 하나님은 인간을 창조하시고 그냥

내버려 두지 않으셨습니다. 사랑으로 통치하시기 위해 우리에게 말씀을 주셨고 예수님을 보내주셨습니다. 하나님은 한 번도 자신의 약속을 어기신 적이 없습니다. 지금도 한결같은 공의와 변함없는 사랑으로 우리를 다스리고 계십니다.

만물의 권위자이신 하나님께서 이 땅을 유지하고 보존하시고자 우리 인간에게 피조물을 다스리는 권세를 주셨습니다(창 1:28). 스스로 모든 통치를 완벽하게 하실 수 있음에도 우리가 하나님의 통치에 동참하도록 허락하셨습니다. 가정에는 부모를, 나라에는 위정자를, 교회에는 목회자를 세우시고 질서에 따라 그들이 하나님의 통치를 잠시 대신하게 하셨습니다. 부모의 권위 역시 위의 원리와 동일하게 부여된 것입니다. 따라서 부모는 맡겨진 권위에 합당하게 자녀를 다스리고 (양육하고) 자녀들은 이 권위를 따르며 순종의 질서를 배워가야 합니다.

"자녀들은 부모에게 순종하십시오. 이것이 주님을 믿는 사람으로서 옳은 일입니다"(엡 6:1, 현대인의 성경)

부모는 자녀의 친구가 아닙니다. 친구처럼 다정한 부모가 될 수는 있지만, 대등한 관계로 지내는 친구가 되어서는 안 됩니다. 하나님께서 세우신 가정의 질서에 따라 부모는 자녀에게 가르치는 자가 되어야 하고, 말씀으로 가정을 통치해야 합니다. 예수님을 잠시 대신하여 사랑과 공의로 가정을 다스리는 왕이 되는 것입니다. 따라서 부모의 권위는 그 권위를 허락하신 하나님의 뜻에 합당하게 발휘되어야 합니다. 우리는 우리의 자녀를 그 분야에서 가장 탁월한 사람으로, 가장 성공한 사람으로 키우고 싶어 합니다. 하지만 무엇보다 늘 하나님의 말씀에 귀를 기울이고 언제 어디서나 하나님을 누리는 아이로 키워야 합니다. 그럴 때 우리는 자녀에게 가장 좋은 복을 물려주는 부모가 됩니다.

거룩한 통치 아래 양육하는 것은 자녀를 억압하는 것이 아닙니다. 하나님의 통치 아래 사는 것은, 사람을 지으신 그분의 섭리의 품 안에서 가장 사람답고 행복하게 살아갈 수 있는 길입니다. 하나님은 우리에게 그분 자체로 가장 좋은 복이십니다. 어렸을 때부터 이러한 하나님을 누리는 사람으로 길러간다면, 우리는 자녀에게 가장 좋은 복을 물려주는 부모가 되는 것입니다.

하나님의 통치가 있는 작은 천국, 가정

듣는 것이 점점 더 힘든 세상입니다. 미디어의 홍수로 인해 집중력은 갈수록 짧아지고, 바른 것을 추구하기보다 개인의 자유와 감정을 그저 맹목적으로 따라가기만 합니다. 그냥 하라는 'Just do it' 정신이 시대를 지배하고 있습니다. 이럴 때일수록 아이들에게 자신의 의를 거스르고 잘 듣는 힘을 길러 주어야 합니다. 흘려듣는 것이 아닌 경청하고 순종하는 자세로 신중히 새겨들을 줄 아는 힘 말입니다.

하나님을 대신한 부모의 말에 순종하는 연습은, 동시에 하나님께 순종하는 연습이 됩니다. 그러기 위해서는 부모가 하나님의 대리인 역할을 잘 감당해야 합니다. 자신의 감정이나 지식을 기준으로 삼지 말고 오직 말씀이 다림줄이 되어야 합니다. 주의 훈계와 가르침으로 길러가는 것입니다. 부로는 이 무거운 책임을 잊지 말아야 합니다.

"부모들은 자녀의 감정을 건드려 화나게 하지 말고 주님의 훈계와 가르침으로 잘 기르십시오"(엡 6:4, 현대인의 성경)

자녀를 주의 훈계와 가르침으로 기르기 위해서는 첫 번째, 하나님의 말씀이 우리 가정의 법이 되어야 합니다. 말씀 아래 가정의 크고 작은 약속과 규칙을 잘 정해야 합니다. 이는 부모의 감정이나 편의를 위해 정하는 규칙이 아닌, 하나님의 백성답게 살아갈 수 있도록 돕는 약속이어야 합니다.

특별히 하나님의 백성답게 사는 거룩한 행동 규칙을 배우고 싶다면 십계명을 공부하는 것이 유익합니다. 십계명은 하나님께서 직접 내려 주신 율법이자 선물로, 하나님의 백성이 그분의 자녀로서 어떻게 순종하며 살아가야 하는지를 알려 줍니다. 십계명을 요약하면 하나님사랑(1-4계명)과 이웃사랑(5-10계명)입니다. 우리는 아이들이 은혜받은 자답게 하나님의 말씀하신 법도 아래 하나님과 이웃을 사랑하며 살아가도록 가르쳐야 합니다.

두 번째, 부모가 제시한 원칙이나 약속을 따르도록 훈련시켜야 합니다. 타협하지 않으려 애써야 합니다. 귀찮아서 혹은 번거로워서 한두 번 눈감아 주다 보면 자녀에게 거스르는 힘을 키워주게 됩니다. 성경은 징계 없는 자녀는 진짜 자녀가 아니라 부모 없는 사생아라고 했습니다(히 12:8). 힘들고 때로는 마음이 아파도 자녀를 위해 좋은 성품을 계속 길러가야 합니다. 훈육이 당장에는 달갑지 않고 괴로운 일이지만, 후에 이렇게 단련된 자녀들은 의와 평안의 열매를 맺는 사람이 될 것입니다(히 12:11).

물론 포기하고 싶은 순간이 찾아옵니다. 먼저는 우리 부모가 매번 그 규칙을 한결같이 지켜내지 못할 때이고, 또 한 번은 자녀를 가르치는 과정에서 자신의 고집을 꺾는 자녀의 괴로움을 볼 때입니다. 이때가 마음 아파 포기하고 싶을 때입니다. 그러나 이 모든 어려움을 가능케 하는 힘이 있으니, 바로 하나님을 향한 믿음입니다. 우리 뜻대로 사는 것이 아니라 말씀에 순종하는 것이 가장 유익하다는 믿음, 그렇게 사는 이들에게 반드시 복주시리라는 하나님을 향한 믿음이 우리를 지탱하는 힘이 됩니다.

하나님의 은혜

세 번째, 우리의 진정한 통치자이신 예수 그리스도를 바라보며 양육해야 합니다. 우리 가정의 진정한 왕은 예수 그리스도라는 것을 항상 기억하며 주님의 통치가 우리 가정에 임하기를 구해야 합니다. 나의 훈육의 결과가 지금 당장 나타나지 않을 수도 있습니다. 몇 달, 몇 년을 애써야 비로소 빚어지는 모습들이 보일 것입니다. 때문에 모든 결과를 주님께 맡기는 믿음이 필요합니다. 겉으로 드러나는 일시적인 행동의 변화가 아닌, 마음으로부터의 온전한 변화를 일으키시는 분은 오직 주님이심을 잊지 맙시다.

이러한 변화를 실제로 일으키시는 분이 계시니, 바로 성령 하나님이십니다. 보혜사이신 성령 하나님께서 우리를 보호하시고 가르치시는 가운데 주의 교훈을 생각나게 하십니다. 아이들을 마음에서부터 그분의 자녀답게 만들어 가실 수 있는 분은 오직 주님이십니다. 그러기에 아름답게 세워진 자녀들의 모습을 보며 우쭐해할 필요가 없습니다. 모든 것이 주님의 은혜로 세워져 가기 때문입니다.

우리의 자녀 역시 죄인이기에 거룩한 하나님의 뜻을 거스를 때가 있습니다. 또한 악한 사단이 날마다 유혹하기에 그 유혹을 견디지 못하고 세상을 좇을 때도 있습니다. 그러나 그리스도께서 우리의 죄와 모든 원수를 이기시고 우리의 진정한 통치자가 되어 주셨습니다. 죄의 결과인 죽음을 이기시고 부활하신 예수님이 우리의 왕이시기에, 죄와 사단의 권세는 우리에게 왕 노릇하지 못합니다.

자녀를 질서 가운데 다스리고 훈육하는 현장이 때로는 어설프고 부족할 수 있습니다. 하지만 괜찮습니다. 부모와 자녀 모두가 하나님께 즐거이 순종하고, 서로를 온전히 사랑하며 섬기게 될 때가 찾아올 것입니다. 만왕의 왕이신 주님께 순종함이 우리에게 가장 큰 복임을 잊지 맙시다. 사랑 안에서 서로를 섬기고 서로에게 복종할 수 있음이 또한 은혜임을 잊지 맙시다. 주님의 선한 통치 아래 놓일 하나님나라의 완성을 기다리며, 이 땅에서부터 하나님의 백성답게 그분의 통치 아래 살아갑시다.

📖 웨스트민스터 소교리문답

63문: 제5계명은 무엇입니까?

　답: 제5계명은 "네 부모를 공경하라 그리하면 네 하나님 여호 와가 네게 준 땅에서 네 생명이 길리라"입니다.

📖 웨스트민스터 대교리문답

126문: 제5계명의 일반적인 의도는 무엇입니까?

　답: 제5계명의 일반적인 의도는 우리가 맺고 있는 여러 관 계, 즉 아랫사람들, 윗사람들, 동등한 위치에 있는 사람 들과의 관계에서 우리가 서로 지고 있는 의무들을 행하 는 것입니다.

129문: 아랫사람들에 대한 윗사람들의 의무는 무엇입니까?

　답: 아랫사람들에 대한 윗사람들의 의무는, 하나님께 받은 권세와 아랫사람들과 맺은 관계를 따라서, 아랫사람들 을 사랑하고 그들을 위해 기도하며 축복하는 것입니 다. 또 가르치고 조언하고 훈계하니, 그들이 잘할 때는 격려하고 칭찬하며 상을 주고, 그들이 잘못할 때는 반 대하고 꾸짖으며 징벌하는 것입니다. 그들을 보호하고,

그들의 영혼과 몸에 필요한 모든 것을 공급해 주며, 신중하고 지혜롭고 거룩하고 모범적인 행실로 하나님께는 영광을 돌리고, 자신들에게는 영예가 되게 하여 하나님께서 그들에게 주신 권위를 보존하는 것입니다.

130문: 윗사람들의 죄는 무엇입니까?

답: 윗사람들의 죄는, 그들이 해야 할 의무들을 소홀히 하는 것 외에, 자기 자신과 자신의 영광과 안일, 이익 또는 기쁨을 지나치게 구하는 것, 부당한 일 또는 아랫사람들의 능력을 벗어나는 일을 명령하는 것, 아랫사람들이 악한 일을 하도록 권하고 부추기고 허용하며, 아랫사람들이 선한 일을 하지 못하도록 만류하고 낙심시키고 반대하는 것, 그들을 부당하게 징계하는 것, 잘못된 일과 유혹과 위험에 그들이 부주의하게 빠지게 하거나, 그들을 거기에 내버려 두는 것, 그들을 노엽게 하는 것, 부당하고 경솔하고 가혹하고 태만한 행위로 어떻게 해서든지 자신들을 수치스럽게 하고 자신들의 권위를 떨어지게 하는 것입니다.

1. 권위에 대한 부정적인 생각이 있었다면, 왜 그런 마음이었나요?

2. 부모인 나는 하나님의 권위 아래 살아가고 있나요? 하나님의 권위 아래 살아가기 위해 내게 필요한 것은 무엇인가요?

3. 하나님의 권위 아래 살아가기 위해, 자녀에게 필요한 것은 무엇일까요?

4. 자녀를 양육하다 가르치는 것을 포기하고 싶은 때는 언제인가요? 그럼에도 불구하고 다시 가르치는 자리에 나와야 하는 이유는 무엇인가요?

5. 천국에서 하나님의 통치 아래 완전히 순종하며 살아갈 날이 우리에게 진정한 소망이 되나요?

자녀양육, 더 깊은 은혜의 자리로

복음이 필요한 때,
왜 이렇게 말을 안 듣니

왜 이렇게 말을 안 들어! 말 좀 들어라

부모가 되어 참 많이 하는 말입니다. 자녀가 내 말을 좀 들었으면 좋겠는데, 아이들은 부모의 말을 한 번에 듣는 법이 없습니다. 부모 말을 들어서 나쁠 것이 없고, 이왕에 할 거 한 번에 좀 했으면 좋겠는데 우리 아이들은 왜 이렇게 부모의 말을 듣지 않을까요? 아이들이 부모의 말을 듣지 않는 이유는 부모와 마찬가지로 아이들 역시 본질상 진노의 자녀, 즉 죄인이기 때문입니다. 자기 의를 꺾고 다른 사람의 이야기에 쉽게 따르지 않는 고집스러운 존재이기 때문이지요. 이러한 자녀를 '하나님의 사람'답게 기르기 위해서는 먼저 무엇이 죄인지, 죄인에게 무엇이 필요한지 알아야 합니다.

죄는 불순종입니다. 하지 말라 하신 것을 하는 것도, 하라고 명하신 것을 하지 않는 것도 모두 하나님 앞에서 죄입니다. 하나님의 말씀을 어기는 것이 죄입니다. 아담과 하와는 불순종으로 죄인이 되었습니다. 아담이 다른 사람을 때린 것도 아니고, 도둑질한 것도 아닙니다. 우리가 보통 생각하는 도덕적 기준을 어기고 다른 사람에게 피해를 주었기 때문이 아니라, 말씀을 어겼기 때문에 죄인이 된 것입니다.

📘 웨스트민스터 소교리문답

14문: 죄는 무엇입니까?

답: 죄는 하나님의 법을 조금이라도 온전히 못 지키거나 그 법을 어기는 것입니다.

나라마다 법이 있습니다. 같은 행동을 해도 어떤 나라에서는 법적 책임을 물어야 하지만, 다른 나라에서는 위법이 아닌 경우도 있지요. 이처럼 그 나라에 속한 사람은 그 나라의 법을 잘 따라야 합니다. 하나님나라에도 법이 있습니다. 성경에 나온 하나님의 말씀이 바로 하나님의 법입니다. 수많은 하나님의 법을 요약한 것이 바로 십계명입니다. 그러나 죄인인 우리는 십계명 중 어느 한 계명도 온전히 지킬 수 없습니다. 살인하지 말라 하신 명령을 보며 나는 사람을 해치지 않았고 따라서 이 계명을 지켰다고 생각할 수 있지만, 이웃을 미워하는 것도 살인이라 말씀하신 주님의 거룩한 기준 앞에서 우리는 모두 죄인일 뿐입니다.

하나님께서는 우리를 가장 온전한 존재로, 하나님의 말씀을 사랑하는 존재로 지으시고 자발적으로 순종할 수 있도록 자유의지를 선물로 주셨습니다. 하지만 사단의 유혹에 넘어가 하나님께 불순종하는 선택을 하게 된 것이지요. 그래서 죄인이 되었습니다. 우리의 성품은 죄로 인해 오염되어 타락했습니다. 그러나 사람의 성품이 타락하고 부패되었다는 것이 그 어떤 착한 일도 할 수 없는 상태라는 것은 아닙니다. 하나님을 믿지 않고도 선행을 베풀고 사회에 기여하며 사는 사람들이 많습니다. 하지만 죄로 부패한 성품은 그 사람이 무슨 일을 하든 자기중심적으로 하게 하고, 인간의 목적인 하나님의 영광보다 자신의 영광을 추구하게 하고, 하나님을 즐거워하기보다 피조 세계를 더 즐거워하며 하나님을 떠나게 합니다. 하나님과 이웃사랑이 아닌 자기 사랑으로 똘똘 뭉친 존재가 바로 나와 내 자녀인 것입니다.

이렇듯 부모와 자녀, 모든 사람이 죄인이기에 우리는 스스로 하나님의 법을 지킬 수 없습니다. '네 동생을 네 몸과 같이 사랑해야지'라는 말을 듣지 않는, 뼛속부터 자기만 생각하는 존재이기 때문입니다. 이런 우리가 하나님께 다시 순종할 수 있게 되는 유일한 길이 있으니 바로 예수님을 믿는 것입니다. 우리를 위해 예수님께서 모든 율법에 순종하셨습니다. 한 사람(아담)의 불순종으로 많은 사람이 죄인이 되었지만, 한 사람(예수 그리스도)의 순종으로 많은 사람이 의롭다고 인정을 받게 됩니다(롬 5:19). 우리를 대표해서 출전한 축구 국가대표팀이 이기면 대한민국 모든 국민이 승리의 기쁨을 누리는 것처럼, 교회의 대표되신 예수 그리스도께서 순종하심으로 우리는 죄의 결과인 사망을 이기고 주님과 함께 부활에 참여하게 됩니다(롬 6:4). 하나님과의 관계 회복은 우리의 순종의 여부가 아닌, 모든 죗값을 치르신 그리스도의 순종하심에 있다는 것을 믿음으로 시작됩니다. 그분의 은혜에 감격하게 되고 이후 그 말씀하신 바에 순종하려 애쓰게 됩니다. 이것은 도덕과는 차원이 다른, 예수 그리스도의 은혜를 덧입어 새 사람이 되는 더 선하고 아름다운 '순종'입니다.

그래서 자녀를 '하나님의 사람'답게 길러가기 위해 가장 먼저 알려줘야 할 것이 바로 복음입니다. 착하고 성실한 아이로 키우는 것이 우리의 목표가 아닙니다. 하나님의 영광을 위해 살아가며, 하나님을 사랑하고 이웃을 사랑하는 사람으로 기르는 것이 우리의 목표입니다. 믿음에 기반한 순종이야말로 넉넉한 마음으로 사랑하고 베풀며, 용서할 수 없는 상황에서도 긍휼을 베푸는 아름다운 성령의 열매를 맺게 합니다.

이번 챕터에서 이야기하는 교육은 하나님의 사람답게 길러가는 교육에 관한 이야기입니다. 복음 없이도 우리 아이를 일반적인 세상의 기준에 맞는 사람으로 키워낼 수 있습니다. 하나님이 모든 사람에게 주신 일반 은혜에 따라 부모의 가르침과 좋은 환경, 긍정적인 자극 등을 통해 얼마든지 우리 아이들을 '사람'답게 키울 수 있습니다. 타인을 배려하는 것, 교통법규를 잘 지키는 것, 위험한 행동을 하지 않는 것, 식사 예절을 잘 지키는 것 등이 이에 해당될 것입니다. 그러나 '하나님의 사람'답게 기르기 위해선 반드시 복음이 필요합니다. 하나님을 가장 사랑하는 것, 하나님께 기도드리는 것, 신령과 진정을 다해 예배하는 것, 귀 기울여 말씀을 듣는 것, 사랑하는 마음으로 친구에게 자신의 것을 나누고 넉넉한 마음으로 그의 잘못을 용서해 주는 것 등 하나님의 사람으로 자라게 하는 것은 오직 복음을 만났을 때만 가능합니다. 그 행동의 뿌리에 복음을 통한 믿음이 있어야 가능한 것들이지요.

흔히 하는 오해는 착한 아이가 예수님을 잘 믿는 아이라는 것입니다. 스스로 숙제하고 친구와 사이좋게 지내고, 단정한 차림새로 인사를 잘 하는 친절하고 다정한 아이들 말이죠. 그래서 부모들은 하나님의 사람답게 키운다는 미명 아래 착한 행동만을 강조할 때가 많습니다. 그러나 예수님은 산타 할아버지와는 다릅니다. 울면 안 되고, 누가 착한 아이인지 나쁜 아이인지를 보고 선물을 주시는 분이 아니십니다. 예수님은 죄인인 우리의 있는 모습 그대로를 보시고 그런 우리의 모든 죄를 용서해 주셨습니다. 우리에게 복음이라는 선물을 주셨습니다. 우리가 완전히 순종하지 못할 것을, 착한 아이가 되지 못할 것을 아시고도 그분이 대신 우리가 해야 할 모든 순종을 이루시고 우리를 순종의 자녀로 삼아주셨습니다. 죄인인 우리가 자신의 의를 꺾고 순종하는 순간은 오직 우리의 모든 죄를 용서해 주신 하나님의 십자가 사랑을 깨닫게 될 때뿐입니다. 부모인 우리가 하나님의 은혜에 감격해서 선한 삶을 살고자 애쓰듯, 자녀에게도 복음의 기쁨으로 인한 순종의 열매가 맺히기를 기도해야 합니다.

그럼 자녀들을 복음으로 기르기 위해서 구체적으로 무엇을 어떻게 해야 할까요? 첫 번째는 말씀을 잘 전해야 합니다. 말씀을 전하는 방법은 뒤에 신앙교육 부분에서 자세히 다루겠으나, 여기에서 특별히 강조하고 싶은 것은 '복음'을 잘 전해 주어야 한다는 것입니다. 바르고 정확하게 알려주어야 합니다. 바른 행동을 가르치기 이전에, 예수님이 우리를 위해 무엇을 해주셨는지를 먼저 부단히 전해야 합니다. 모든 성경에는 예수 그리스도의 이야기가 담겨있습니다. 구약은 오실 예수님, 신약은 오신 예수님과 다시 오실 예수님에 대한 이야기입니다. 특별히 『가스펠 프로젝트』(두란노)는 영유아 때부터 청년 때까지 같은 본문으로 공부할 수 있도록 만든 책으로, 성경이야기를 예수 그리스도의 관점으로 바라볼 수 있게 도와줍니다. 부모가 먼저 말씀 속에서 복음을 만나야 합니다. 그래야 아이에게도 하나님이 죄인들을 위해 하신 놀라운 역사를 전해 줄 수 있습니다.

두 번째는 현장에서 복음을 적용해야 한다는 것입니다. 형제간 서로 투닥투닥 싸울 때도, 친구에게 조금도 나눠주지 않고 욕심을 부릴 때도, 기도 시간에 잠시도 견디지 못하고 장난칠 때도 예수 그리스도에 대한 이야기를 들려주어야 합니다. 갈등이 심한 상태에서는 분노하는 부모도 고집부리는 자녀도 서로에게 차분히 말하거나 듣기가 어렵습니다. 감정이 누그러진 상태에서 서로가 준비되었을 때 차분히 대화를 시도해 봅시다.

'예수님께서 우리의 모든 죄를 용서해 주셨잖아! 그러니까 우리도 용서할 수 있는 거야', '하나님께서 이집트의 노예였던 이스라엘 사람들을 구해 주셨잖아. 우리도 죄의 노예였는데 하나님이 구해 주신 거야. 그러니까 우리도 어려운 친구들, 그리고 미워하는 친구들도 도와주는 거야', '하나님은 날마다 우리의 기도를 듣고 계신 좋은 분이야. 그러니까, 기도를 드릴 때는 감사한 마음으로 하나님께 마음을 다해 드리는 거야'

예수님으로 인해 우리가 얼마나 은혜를 누리고 있는지 끊임없이 이야기해 줘야 합니다. 주님의 은혜를 만나고, 그 은혜 덕분에 순종하는 것이기 때문입니다.

제가 이 원리를 알았을 때 참 어색했습니다. 세상의 방법과 다른 교육방식이었고 어딘가 모르게 쑥스럽기만 했습니다. 그리고 이렇게 가르치는 것이 과연 효과가 있을지 의심도 들었습니다. 하지만 설득하는 자가 아닌 전하는 자, 즉 전도자의 마음으로 전했습니다. 심고 물을 주는 것은 우리가 하는 것이지만 자라게 하는 분은 하나님이십니다. 전적인 그분의 일하심을 기대하며, 아이들의 마음을 돌이키시기를 기도하며 복음을 전했습니다.

그렇게 끈질기게 복음을 전하다 보니 조금씩 아이들이 말씀을 삶에 적용해 고백하기 시작했습니다. '엄마, 예수님이 나를 용서해 주셔서 나도 용서해 준 거야', '나 지금 마음에 탐심이 들어왔어. 하나님을 제일 사랑하기로 했는데 탐심이 들어와서 하나 더 갖고 싶어'라는 귀여운 고백을 하기 시작했습니다. 그럴 때마다 하나님께서 일하시고 계심을 고백하며 감사했습니다. 지금은 엉뚱해 보이는 이 고백이, 이후에 아이들이 하나님의 사람으로 자라 갈 좋은 양분이 되리라 믿습니다.

그러나 그렇지 못한 날도 참으로 많습니다. 부모도 평생 죄와 싸우며 살아가는데 어찌 자녀들이 단번에 성숙해지겠습니까. 제가 심은 말씀을 주님께서 언제 꽃 피우실지 아직은 모릅니다. 부족한 죄인인 저 또한 평생이 이러한 과정이어야 하기에 그저 하나님만 바라보며 믿음으로 복음을 전할 뿐입니다. 그 어떤 훌륭한 방법보다도 사람을 변화시키는 하나님과 복음의 능력을 신뢰하기 때문입니다.

세 번째는 가정에 죄 용서의 복음이 넘쳐나야 합니다. 부모가 용서의 본을 보여 용납받는 것이 얼마나 귀한 일인지 삶으로 알려주어야 합니다. 자녀의 모든 죄에 무조건적인 용서가 필요합니다. 그러면 이런 궁금증이 생깁니다. 모든 걸다 용서하고 받아주면 버릇없는 아이로 키우는 것 아닐까요? 그래서 우리가 짚고 넘어가야 할 것이 용서와 가르침의 분리입니다. 우리는 아이의 모든 잘못을 용서하고 용납해야 하는데, 이것이 훈계를 하지 말라는 의미가 아닙니다. 용서했고 사랑하기에 자녀를 더 잘 가르쳐야 합니다. 하나님께서 그렇게 하셨기 때문입니다.

하나님께서 우리의 모든 죄를 용서해 주셨습니다. 예수님을 믿는 자의 과거는 물론, 앞으로 지을 죄와 죄인으로서의 정체성까지 이 모두를 용서해 주시고 의인으로 불러주셨습니다. 그 이후 우리를 내버려 두지 않으시고 하나님의 사람으로 살아가게 하시기 위해 계속해서 우리를 가르치십니다. 성경을 통해 권면하시고, 타이르시고 상황과 환경을 통해 깨닫게 하시고 때로는 징계하시기도 합니다. 수많은 선지자를 보내어 권면하시고, 때론 포로생활과 같은 징계를 통해 다시 하나님께 돌아오도록 따끔하게 가르치시기도 합니다. 사랑하여 용서했기에 더 가르치는 것입니다. 대가를 바라시기 때문이 아닙니다. 말씀 안에 사는 것이 인간에게 가장 유익하기에 세상의 정욕을 피하고 그리스도의 성품에 참여하게 하시는 것입니다(벧후 1:4).

우리 가정에 서로를 용납하는 복음이 넘쳐나야 합니다. 아이를 온전하게 용서해야 합니다. 그래야 감정적으로 노엽게 대하지 않고 온유하게 훈육할 수 있습니다. 물론 엄마도 사람이기에 갈등 가운데 자녀를 온전히 용서하기가 쉽지는 않습니다. 어찌 보면 부모는 결국 이런 과정들을 통해 용서를 배우게 되는 것 같기도 합니다. 잘못한 자녀를 너그럽게 용서하게 된다면, 그것은 우리가 자녀를 사랑하기 때문이고 궁극적으로는 주께서 우리를 사랑하시기 때문입니다.

우리는 자녀의 수많은 죄를 용서하고 때로는 자녀의 죄를 위해 대신 용서를 빌기도 합니다. 예수님께서 그러하신 것처럼 말입니다. 감정의 소용돌이 속에 있을 때는 분에 못 이기

기도 하지만, 시간이 지나고 나면 아이들에게 참 미안한 마음이 듭니다. 육아현장에서는 조금 부족해도 괜찮습니다. 감정이 누그러졌을 때, 부모도 잘못한 것은 용서를 구하고 아이의 잘못도 너그럽게 용서해 주세요. 죄로 인해 단절되었던 하나님과 우리의 관계가 회복되었듯이, 그리스도의 은혜로 서로를 용서하고 이해함으로 다시 하나님 안에서 연합하면 됩니다. 용서하는 것까지 규칙으로 만들지 마시길 바랍니다. 우리가 용서의 은혜를 누리기에 아이에게도 용서와 용납의 은혜를 베풀 수 있는 것임을 잊지 맙시다.

죄인인 자녀를 키우는 부모 여러분, 우리에게 가장 필요한 것은 복음입니다. 우리 아이의 죄 된 모습에 괴로워하기보다, 거룩하신 하나님 앞에 자녀는 물론 나 또한 죽을 수밖에 없었던 비참한 죄인임을 깨닫고 아이를 긍휼히 여기시길 바랍니다. 함께 손잡고 늘 복음 앞으로 나아가시길 바랍니다. 자신을 용납하는 부모의 모습을 통해 아이는 하나님의 긍휼하심을 잠시나마 맛보게 될 것이고 복음을 체험적으로 배우게 될 것입니다. 복음을 모르는 착한 아이로 키우기 위한 열심을 잠시 내려놓고, 아이에게 복음 앞에 믿음으로 살아가는 가정의 모습을 보여줍시다. 가족이 복음 앞으로 나아갈 때 자연스럽게 믿음의 열매가 맺힐 것입니다. 착한 아이의 수준을 뛰어넘는, 세상을 밝히는 빛이 되어 하늘에 계신 아버지께 영광을 돌리는 우리 자녀들의 삶이 되기를 소망해 봅니다.

"너희는 세상의 빛이다. 산 위에 있는 마을은 잘 보이기 마련이다. 등불을 켜서 그릇으로 덮어 둘 사람은 아무도 없다. 오히려 그것을 등잔대 위에 올려 놓아 집 안에 있는 모든 사람에게 비치게 하지 않겠느냐? 이와 같이 너희 빛을 사람들 앞에 비추게 하라. 그래서 사람들이 너희 착한 행실을 보고 하늘에 계신 너희 아버지를 찬양하게 하라"(마 5:14-16, 현대인의 성경)

1. 죄는 무엇인가요? 이전에 생각했던 죄와 달라진 생각이 있다면 무엇인가요?

2. 하나님의 자녀다운 아이와 착한 아이와의 차이점은 무엇인가요?

3. 자녀를 복음에 기반해 가르치기 위해서 결심해야 할 것에는 어떤 것들이 있을까요?

4. 자녀를 용서하지 못하는 순간은 언제인가요?

5. 용서의 본이 되기 위해서 부모가 먼저 누려야 할 것은 무엇인가요?

은혜가 필요한 때,
자꾸만 화내는 저, 부모 자격이 없는 것 같아요

앞선 통치와 복음에 대한 부분에서 부모로서 자녀를 어떻게 가르쳐야 할지를 다루고 나니, 부모로서 더 큰 무게감을 느끼게 됩니다. 여기에선 이런 마음의 부담을 조금 내려놓으셔도 될 것 같습니다.

율법으로 가득 찬 육아

육아와 결혼과 같이 가정에 대한 주제를 다루는 TV프로그램이 많아졌습니다. 그런 프로그램들을 통해 부부, 자녀관계에 대한 조언들이 쏟아지고 있습니다. 뿐만 아니라 우리는 인스타그램이나 유튜브와 같은 SNS 플랫폼들에서 쏟아져 나오는 수많은 사람들의 지혜와 메시지들을 흡수하며 살아갑니다. 하루 종일 넘쳐나는 육아정보를 스크롤하며 살아가고 있습니다.

그런데 이 모든 지식을 따르려다 보니 육아의 현장이 은혜의 현장이 아닌 온통 율법의 현장이 되어버렸습니다. 그래서 아이에게 좋은 엄마가 되어주지 못한다는 죄책감에 시달리거나, 또 잘 지키면 더 이상 하나님이 필요 없어지는 지식과 정보들이 나를 다스리는 그런 육아를 하고 있습니다.

우리가 죄인이기에 생길 수밖에 없는 당연한 문제임에도 내가 도대체 무엇을 잘못하고 있는지를 찾느라 하나님 앞에 나아갈 시간이 없습니다. 하나님 앞에 나의 부족함을 인정하고 하나님을 닮아가는 은혜를 구하며 씨름하기보다, 내 힘과 다른 사람의 조언으로 모든 것을 채워 나가는 것입니다.

물론 살면서 필요한 지식과 지혜에는 귀를 기울여 배워야 합니다. 그러나 신자인 부모가 반드시 알아야 할 것이 있습니다. 인간의 지혜에는 한계가 있다는 것입니다. 완벽한 육아 이론은 없습니다. 더불어 완벽한 육아법이 있다고 해도 그걸 전부 완벽하게 지키기란 불가능하다는 것을 꼭 알아야 합니다. 화가 날 때 10초간 심호흡하는 것과 같은 방법은, 이 쉬운 원리를 우리가 몰라서 못하는 것이 아닙니다. 우리는 연약한 존재이기에 그 작은 원칙조차도 제대로 지키지 못합니다.

밤마다 자는 아이의 얼굴을 애잔히 바라보며 늘 미안해하고 반성하지만, 다음날 달라진 것이 없는 나의 모습 앞에 매일 밤 다시 좌절합니다. 여러분만 그런 것이 아닙니다. 모든 사람들이 날마다 그렇게 살아갑니다. 훌륭한 육아비법이 없어서 그런 것이 아닙니다. 엄마와 아이 모두 연약한 존재이기에 갈등이 생길 수밖에 없습니다. 그것을 인정해야 합니다. 흠 많은 부모와 자녀 사이에 완벽한 육아란 없습니다. 날마다 실패만 있을 뿐입니다. 매일 반복되는 실패 앞에서 부모는 적당히 타협하거나 때론 포기하고 살아가기도 합니다.

은혜가 필요합니다

이런 부족한 부모에게 필요한 것이 바로 은혜입니다. 율법을 지키지 못한 좌절에서 부모를 일으키는 것은 새로운 육아비법, 새로운 율법이 아닙니다. 오직 주님의 은혜입니다. 자녀와 함께 부대끼며 한 행동은 물론 마음으로 지었던 우리의 모든 죄를 예수님이 십자가에서 짊어지셨습니다. 우리의 모든 죄는 이미 용서받았습니다. 그분의 피로 우리는 구원을 얻었고, 하나님과 화목케 되는 복을 누립니다(롬 5:10). 자녀와 함께하며 쌓여가는 모든 죄를 예수님께서 값없이 치러주셨습니다. 우리의 연약함으로 인해 그 은혜가 더욱 커졌습니다(롬 5:20).

　그렇다면 은혜를 누린 부모 여러분, 이 은혜를 충분히 누린 후 우리는 이제 다음과 같은 바울의 질문에 답해야 합니다. "그러면 하나님의 은혜를 더 받으려고 계속 죄를 지어야 하겠습니까?"(롬 6:1) 하나님의 은혜는 육아에서 절망한 우리를 일으켜줄 뿐만 아니라, 우리가 점점 더 하나님을 닮아가게 합니다. 날마다 값없이 주신 은혜를 누린 자들은 그 은혜가 원동력이 되어 삐걱거리는 육아에서 좌절에 사로잡히지 않고 오뚝이처럼 다시 일어납니다. 죄의 종이었던 우리의 자아를 날마다 십자가에 못 박는 힘, 죄에 매인 육체를 죽이고 다시는 죄의 종이 되지 않으려 몸부림치는 힘은 오직 은혜로부터 나오기 때문입니다. 이것을 성화라고 합니다.

예수님을 닮아가는 부모

성화란 도덕적으로 좀 더 성숙한 사람이 되거나 좋은 습관 혹은 자기계발을 통해 더 나은 사람이 되는 차원의 일이 아닙니다. 성화는 하나님을 만난 영혼의 영적인 변화를 말합니다. 성화를 통해 진정한 인격의 변화가 일어납니다. 죄를 점점 더 미워하게 되고, 더 이상 죄를 짓지 않으려 하고 의로움을 추구하고 순종하며 살아가려 합니다. 육아는 물론 삶의 모든 영역에서 '예수님을 닮아가야지'라고 결심한 모든 순간이 주님의 은혜 덕분에 시작되고 유지되는 것입니다.

📕 웨스트민스터 소교리문답

35문: 점점 거룩하게 됨(성화)은 무엇입니까?

답: 점점 거룩하게 됨(성화)은 하나님께서 값없이 주시는 은혜의 일로, 하나님의 형상대로 우리의 전 인격이 새롭게 되고 죄에 대하여는 점점 더 죽고, 의에 대하여는 점점 더 살게 하시는 것입니다.

그런데 성화는 그래프 상의 직선처럼 한 번에 쭉 일어나지 않습니다. 우리의 신앙과 인격이 계단 모양처럼 자라가는 것도 아닙니다. 우리 안에서 나의 의와 성령의 도우심이 날마다 싸우며 오르락내리락합니다. 하지만 멀리서 보면 우리는 조금씩 성장해 가고 있습니다. 하루 이틀 별반 차이가 없고 오히려 지금이 전보다 더 못한 때도 있지만, 한참이 지난 어느 순간 내 삶을 뒤돌아볼 때 내가 그리스도를 만난 이후로 계속해서 조금씩 그분을 닮아갔음을 알게 될 것입니다.

왜 사람은 한 번에 변하지 않을까요? 하나님께서 그렇게 하셨기 때문입니다. 우리의 정체성은 하나님께서 의롭다 칭해 주심으로 단번에 죄인에서 의인으로의 신분은 변화되지만, 우리의 성품은 점진적으로 예수님을 닮아가게 하셨습니다. 하나님께서 우리를 인격적으로 존중해 주시기 때문입니다. 마치 기계처럼 on/off 스위치 한 번에 어떠한 모드로 변화시키시는 것이 아닌 지성과 감정과 의지, 즉 전인격을 존중해 주시며 우리를 섬세히 어루만지십니다. 그래서 우리는 점점 내 안에 죄를 깨닫게(지) 되고 죄를 몹시 미워하게(정) 되고, 미워하는 나머지 죄를 떠나 하나님께로 돌아와 순종하려 애쓰게(의) 됩니다. 아이와 지내며 쌓아둔 나의 죄 앞에 절망하는 것에서 끝나지 않게 됩니다. 죄책감에서 벗어나 진정한 회개의 은혜를 누리게 됩니다.

성화는 칭의처럼 저절로 단번에 이루어지는 것이 아닌 하나님과 우리가 협력하는 사역입니다. 성화의 과정에 있는 우리가 진정한 삶의 변화를 위해 반드시 하나님과 협력해서 해야 할 것이 있는데, 바로 회개입니다. 회개는 하나님께 단순히 죄를 고백하는 것만이 아닙니다. 진정한 회개는 자신의 죄를 깨닫고 그 더러움과 추악함 앞에 통회하는 것입니다. 가벼운 마음으로 '앞으로 그러지 말아야지'에서 끝나는 것이 아닙니다. 그 죄가 너무도 미워서 슬퍼하고 반성하며 철저히 뉘우치는 것을 말합니다. 하나님께로 우리의 마음과 생각을 다시금 돌이키는 것이고, 예수님을 닮아가고자 끊임없이 순종하는 것입니다. 성화의 은혜와 회개하는 삶을 통해 우리는 죄로 인해 훼손되었던 하나님의 형상을 조금씩 회복해 갑니다. 따라서 성도의 자녀양육은 그 끝에 후회만 남는 괴로운 시간이 아닙니다. 나의 부족함을 마주하고 계속해서 용서해 주시는 은혜를 누리고 그 힘으로 돌이키는 은혜를 누리는 복된 시간입니다.

📖 웨스트민스터 대교리문답

76문: 생명에 이르는 회개는 무엇입니까?

답: 생명에 이르는 회개는 성령과 하나님의 말씀으로 죄인의 마음에서 일어나는 구원의 은혜입니다. 이 구원의 은혜로 말미암아 죄인은 자신의 죄가 지닌 위험만이 아니라 더러움과 가증스러움을 봅니다. 그리고 그리스도 안에 있는 하나님의 자비를 깨닫고 깊이 뉘우칩니다. 이제 그는 자기 죄를 크게 슬퍼하고 미워하여, 그 모든 죄로부터 하나님께로 돌이키며, 새롭게 순종하는 가운데 모든 일에서 하나님과 동행하는 삶을 자신의 목적으로 삼고 이를 위해 끊임없이 노력합니다.

이렇게 성화에 대해 이해하게 되면 우리의 자녀들도 전보다 더 너그럽게 이해할 수 있습니다. 사람은 하루아침에 변하지 않습니다. 평생에 걸쳐 죄와 씨름하는 가운데 조금씩 변화되어 갑니다. 우리 자녀들도 마찬가지입니다. 어리디 어린 우리 자녀들은 성화의 과정에 이제 막 들어섰습니다. 어렸을 때부터 깊이 순종하는 아이들도 있지만 대게는 서툴고 아직 연약합니다. 그도 그럴 것이 유아시절 자녀들은 스스로 옷도 못 입고, 밥도 못 차리고, 혼자서 먼 길을 다녀올 수도 없습니다. 아직 생활하는 기본 습관조차 익히지 못한 자녀에게 완벽한 성품을 바라는 것 자체가 과한 기대는 아닐까요? 자녀는 물론 부모들도 이 땅에서 사는 동안 온전한 성화를 이룰 수 없습니다. 그저 완성을 향해 조금씩 걸어갈 뿐입니다.

율법육아에서 은혜육아의 자리로

아이를 키우는 데 필요한 육아이론들을 충분히 참고할 수 있습니다. 사람들에게 검증된 지혜와 여러 노하우들도 잘 알아야 합니다. 그러나 부모와 아이 모두 이를 완벽히 지킬 수는 없습니다. 흠 없는 완벽한 부모라는 육아의 환상을 내려놓고 스스로 죄인임을, 연약한 사람임을 인정해야 합니다.

날마다 성화의 은혜를 기억하며 육아의 현장으로 들어가야 합니다. 예수님은 모든 성도들을 대표하여 하나님께 완벽히 순종하심으로 율법의 저주에서 우리를 속량하셨습니다. 그로 인해 우리는 영원한 참 자유를 얻게 되었습니다. 그런 우리가 왜 다시 사람의 지혜를 율법 삼아 스스로 죄책감에 사로잡혀 살아가야 합니까?

"그리스도께서 우리를 자유롭게 하려고 자유를 주셨으니 그러므로 굳건하게 서서 다시는 종의 멍에를 메지 말라"(갈 5:1)

이 책에도 부모로서 해야 할 많은 지침이 담겨있습니다. 그러나 어느 누구도 이 모든 것을 완벽하게 지키기 어려울 것입니다. 저 또한 마찬가지입니다. 책을 쓰는 동안에도 저는 완벽한 부모가 되어주지 못했습니다. 써 내려가는 과정에서 부족하고 허물 많은 저의 모습에 몇 번이고 포기해야 할까 고민했습니다. 저와 같은 마음으로 괴로워할 육아동지들에게, 그리고 언젠가 엄마가 될 저의 딸에게 힘주어 말하고 싶습니다. 하나님께서는 우리가 그 어떤 규칙도 날마다 성실히 지킬 수 없는 죄인임을 아시고도 우리에게 자녀를 맡기셨다고 말입니다. 하나님은 우리가 하나님 없이 스스로의 노력으로 완벽한 엄마가 되기보다, 예수님을 닮아가는 성화의 은혜에 붙들리는 사람이 되길 바라십니다. 그렇게 주님의 은혜로 죄는 점점 더 죽게 되고 의는 점점 더 살게 됩니다.

율법이 다스리는 육아가 아니라, 은혜에 기대어 아이도 부모도 함께 자라가는 육아현장을 만드시길 바랍니다. 사람이 진정으로 변하는 것은 새로운 율법을 만났을 때가 아닙니다. 하나님의 은혜를 만났을 때입니다. 내가 부모로서 잘 하고 있는 것인지 늘 의심되고 고민된다면, 새로운 율법으로 무게를 더하는 것을 멈추고 사람이 진정 무엇으로 변하게 되는지 돌아보아야 합니다. 지식과 좋은 조언들은 당연히 참고해야 합니다. 그러나 그것이 우리의 육아를 지배하도록 내버려 두어서는 안 됩니다. 실패할수록 더욱 하나님 앞에 나아가 은혜를 구하며, 돌이켜 회개하고 순종하는 삶을 지향해야 합니다.

의롭다 여겨주신 은혜로 의인의 정체성을 갖게 된 부모 여러분(칭의), 이제 우리의 삶이 예수님을 닮아가도록 남은 일생을 주님의 이끄심에 순종합시다. 늘 부족하고 실패해도 우리는 서서히 자라갈 것입니다(성화). 그리고 마침내 이 모든 우여곡절의 여정은 예수님이 다시 오실 때 끝날 것입니다. 그날에 우리는 완전한 구원의 완성으로 인해 영광스럽게 변화될 것입니다(영화). 그날을 바라보며 늘 성화의 과정 가운데 살아갑시다.

1. 자주 보는 육아도서나 콘텐츠가 있나요? 그것을 신뢰하는 기준은 무엇인가요?

2. 책에서 말하는 모든 육아지침을 부모가 지킬 수 없는 이유는 무엇인 가요?

3. 하나님을 닮아가는 성화의 은혜를 누리기 위해 나는 어떻게 동참하 고 있나요?

4. 성화의 개념을 알면 자녀를 이해하는 데 어떤 유익이 있나요?

5. 하나님을 닮아가기 위해 우리 가정이 죄에서 돌이켜야 하는 부분은 어떤 것이 있을까요?

소명이 필요한 때,
세상공부 어떻게 시켜야 할까요?

자녀양육에서 공부 이야기가 빠질 수 없죠. 요즘은 다양한 기회의 길이 열려있지만, 아직도 학습 능력에 따라 대학과 직업, 직장 선택의 폭이 달라지기에 자녀를 키우는 부모라면 당연히 자녀의 공부에 관심이 많을 것입니다. 자녀에게 좋은 것을 주고 싶은 것이 부모의 마음이기에 자녀의 성적에 관심을 갖는 것은 지극히 당연합니다.

그러다 보니 신앙을 가진 부모들은 고민이 생깁니다. 우리 아이를 어떻게 공부시켜야 할지, 중요한 시험 기간이니 예배를 잠시 빠지고서라도 시험공부를 해야 되는지, 공부로 인한 갈등을 피하고자 교육에 대한 욕심을 내려놓아야 하는 건지, 아니면 더 잘 가르치기 위해 끝까지 씨름해야 하는지 등의 문제에서 스스로도 갈피를 못 잡을 때가 많습니다. 더 잘 가르치기 위해 어느 정도 수준으로 공을 들여야 하는지, 우리 아이의 직업적 소명은 무엇일지에 대해서도 늘 궁금하기는 마찬가지입니다.

세상을 바라보는 눈, 기독교 세계관

이때 부모에게 필요한 것이 바로 '기독교 세계관'입니다. 기독교인들이 세상에서 어떻게 살아가야 하고 어떤 태도로 세상을 바라봐야 하는지를 고민할 때, 기독교 세계관이 바르게 잡혀 있으면 세상 속 기독교인으로 균형 잡힌 생활을 해 나갈 수 있습니다. '내가 너무 세상교육에 치우치고 있나?', 혹은 반대로 '신앙만 있으면 되지 세상교육은 너무 속된 거 아닐까?'라는 마음으로 혼자 갈팡질팡 고민하거나, '기독교인은 이렇게 해야 돼'라는 카더라 통신에 휩쓸리지 않으려면 부모가 먼저 말씀에 기반 한 기독교 세계관을 잘 공부해야 합니다.

청년시절 목사님과 함께 공부했던 『하나님의 두 나라 국민으로 살아가기』(부흥과개혁사)라는 책을 다시 살펴보았습니다. 마침 이 책의 저자인 반드루넨 교수님(웨스트민스터 조직신학, 윤리학 교수)의 강의가 한국에서 열려 참석하게 되었습니다. 강의를 듣고 공부하며 기독교인이 어떤 마음으로 세상일에 참여해야 하는지를 정리해 보았습니다. 기독교 세계관을 잘 이해해야 공부를 열심히 시키면서도 괜히 마음에 찔려하거나, 세상은 속되다고 등을 돌리는 등의 극단을 피하고 균형 있게 자녀를 교육할 수 있습니다. 이후부터는 다소 신학적인 내용들이 나오지만, 자녀를 키워야 하는 부모라면 꼭 알아야 할 것들이니 잘 따라오시면 좋겠습니다.

세상에서 그리스도인들이 어떻게 살아야 하는지 알기 위해서는 먼저, 이 땅에서 하나님이 우리를 무엇을 위해 부르셨는지 알아야 합니다. 그래야 우리가 어떤 마음으로 이 부르심에 참여해야 할지를 알 수 있습니다. 하나님은 우리를 두 공동체로 부르셨습니다. 첫째는 모든 인류가 포함되어 있는 세상 공동체이고, 둘째는 믿음의 조상 아브라함의 대를 잇는 특별한 신앙 공동체인 교회입니다. 우리는 이 두 나라, 즉 세상과 교회에 속한 하나님의 백성입니다.

첫 번째, 세상의 모든 인류 공동체

우선 하나님은 모든 인류를 세상을 유지하고 보존하고 다스리는 관리자로 부르셨습니다. 이 명령은 하나님이 세상을 창조하셨을 때 아담에게 한번 말씀하시고(창 1:28), 노아 때에 세상을 물로 심판하신 뒤 마치 재창조와 같이 세상을 다시 시작하셨을 때 한 번 더 말씀하셨습니다.

> "너희는 자녀를 많이 낳고 번성하여 땅을 가득 채워라. 땅의 모든 짐승과 공중의 새와 땅에 기는 생물과 바다의 고기가 모두 너희를 두려워하고 무서워할 것이다. 이 모든 것은 내가 다 너희에게 준 것이다. 내가 곡식과 채소를 너희 식물로 준 것처럼 살아서 움직이는 모든 동물도 너희 식물로 주겠다"(창 9:1-3, 현대인의 성경)

기독교인뿐만 아니라 모든 인류에게 이 땅을 채우고 보존하라 하신 것입니다. 땅의 짐승과 공중의 새와 바다의 고기와 같은 모든 생물과 곡식과 채소 등 모든 식물까지 전부 인간에게 맡기셨습니다. 그래서 세상 모든 사람들은 하나님의 명령에 따라 이 땅을 보존하고 다스리는 관리자가 되었습니다.

따라서 이 땅을 창조 질서에 따라 보살피고 관리하는 것이 인간의 소명입니다. 특별한 직업만이 주님의 일이 아니라 우리가 하는 모든 일이 세상을 보살피는 소명이 되는 것입니다. 각자의 재능과 기호에 따라 모든 영역에서 세상을 유지하는데 참여해야 합니다. 각종 직업은 물론 가정에서 자녀를 돌보는 것 역시 이 땅에서 자기의 소명을 다하는 것입니다.

모든 일이 본질적으로 선한 이유는 우리가 일하는 이 선한 세계를 창조하고 보존하시는 분이 바로 하나님이시기 때문입니다. 하지만 도둑질, 성매매 알선과 같은 하나님의 뜻을 거스르는 악한 일은 주님이 주신 소명이 아닙니다.

그러니 자녀 혹은 부모의 진로 결정을 앞두고 '하나님이 우리를 무슨 일로 부르셨을까?'라며 마치 그분이 우리의 직업적 뜻을 숨겨두신 마냥 그 비밀을 찾기 위해 애쓰지 않아도 됩니다. 하나님은 자신의 뜻을 꽁꽁 숨겨두시고 우리가 찾기를 기다리시는 분이 아닙니다. 그분은 그분의 뜻을 성경을 통해 명확하고 밝히 드러내 주셨습니다. 이웃과 함께 이웃을 섬길 수 있는 모든 일이 주님이 주신 소명입니다.

따라서 신자는 세상을 지혜롭게 잘 보살피기 위해 더 열심히 준비해야 합니다. 자녀가 세상에서 제 몫을 다하는 일꾼이 될 수 있도록 지식도 성품도 성실히 훈련시켜야 합니다. 지적인 능력을 쌓아갈 수 있는 지성은 동물과는 구별되는 것으로 인간에게 주신 하나님의 선물입니다. 각 영역에서 성실히 배우며 창조 세계의 질서와 원리를 발견해갈 때, 그 결과뿐만 아니라 수고하는 과정 그 자체로도 만족하며 감사해야 하고 그 가운데서 하나님을 찬양해야 합니다. 이것이 하나님의 명령에 동참하는 길입니다.

"사람이 먹고 마시며 자기 일에 만족을 느끼는 것보다 더 좋은 것이 없으나 나는 이것도 하나님께서 주시는 것임을 깨달았다"(전 2:24, 현대인의 성경)

"사람이 먹고 마시며 자기가 수고하는 모든 일에 만족을 느끼는 이것이 하나님의 선물임을 알게 되었다"(전 3:13, 현대인의 성경)

스스로 모든 것을 행하실 수 있는 분께서 이 땅을 보존하고 다스리는 일을 우리에게 맡기셨습니다. 참으로 감격스러운 일입니다. 그래서 우리 아이들도 이 땅의 구성원으로 잘 키워내기 위해 필요한 교육을 시켜야 합니다. 학습은 물론 이 땅에서 사람답게 살아가기 위한 지혜와 문화와 예절의 영역도 가르쳐야 합니다. 식당에서 뛰지 않기, 물건 던지지 않기, 한국 사회에서 존댓말 하기 등과 같은 기본예절도 아이들이 현시대의 문화 속에서 사람답게 살도록 끝까지 책임지고 가르쳐야 하는 것입니다.

세상은 적대적인 곳이 아닙니다. 세상은 하나님이 주신 공동체입니다. 다만 무분별하게 본받지 않아야 하고, 하나님이 말씀하신 명령을 거스르는 통치나 가르침에는 다니엘과 같이 담대히 거부해야 합니다. 세상은 여전히 죄악이 만연한 곳이기 때문입니다. 다니엘은 바벨론 포로로 끌려가 타향살이를 한 나그네였습니다. 그는 바벨론을 섬기고 바벨론을 위해 기도하며 바벨론의 안녕을 구했지만, 바벨론이 내린 하나님께 반하는 명령 앞에선 목숨을 걸고 저항하며 자신의 신앙을 지켜나갔습니다.

앞선 내용을 통해 알게 된, 우리에게 주신 이 땅에 대한 보존과 다스림의 명령을 잘 감당하기 위해, '그럼 이제 마음껏 공부시켜도 되겠구나', '공부 양을 한껏 늘려보자' 생각하는 부모님들이 계실 수도 있습니다. 하지만 여기서 한 가지 더 살펴봐야 하는 것이 있는데, 바로 하나님께서 우리를 또 다른 공동체로 '구별하여' 부르셨다는 사실입니다. 그 공동체가 바로 두 번째 공동체인 신자들의 모임, 즉 '교회'입니다.

두 번째, 하나님나라로 구별된 교회 공동체

하나님은 자기 백성을 구원하시고자 구별된 특별한 공동체를 세우시기로 작정하셨습니다. 그리고 아브라함을 부르십니다. 그리고 그를 통해 믿음의 자손으로 하나님나라를 세우시고자 국가의 3요소인 국민(별과 같이 많은 자손)과, 영토(가라고 명하신 땅)와, 주권(하나님이 다스리시는 복)을 주실 것을 약속하셨습니다(창 12:1-3). 그렇게 성도는 잠시 머무는 이 땅에서 구별된 하나님나라의 백성으로 살아갑니다. 세상 국민으로서 이 땅을 유지하고 보존하기 위해서 살아가지만, 신자는 무엇보다 하나님나라를 세워가는 것을 인생의 궁극적인 목적으로 삼고 살아가야 합니다.

두 공동체에 동시에 속한 우리가 반드시 기억해야 할 것은 이 땅에서의 삶은 한시적인 나그네의 삶이라는 것입니다. 우리의 진정한 정체성은 하나님나라의 백성입니다. 진정한 본향, 새 하늘과 새 땅이 완성되기를 간절히 기다리며 예수 그리스도의 다시 오심을 고대하는 사람들입니다. 이 세상을 보존하고 다스려야 하지만 이 세상은 우리가 잠시 머물다 갈 곳입니다. 이곳에서의 삶은 언젠가는 끝이 납니다. 우리에게는 영원한 천국 백성으로서의 삶이 기다리기에 그 나라 백성답게 살아가고자 더욱 애써야 합니다.

믿음의 조상 아브라함은 어떻게 살았을까요? 아브라함은 특별한 하나님나라의 공동체로 부름 받았지만, 세상과 단절되어 살지 않고 그가 속한 땅에서 그곳의 문화와 제도 아래 살아갔습니다. 당시의 문화와 제도에 맞게 땅을 거래하고(창 23:4) 이방나라의 왕과 평화 조약을 맺으며(창 21:24), 조카 롯을 구하기 위해 전쟁에 참여하는(창 14:14-16) 등 자신이 속한 곳의 문화와 제도에 충실히 살았습니다.

그러나 그는 세상에 속한 나라가 아닌 하나님나라를 바라며 살았습니다. 세상에 미련을 두지 않았기에 가야 할 곳이 어떠한 곳인지 잘 몰랐음에도, 자신의 터전에 미련을 두지 않고 하나님의 뜻에 늘 순종하는 나그네의 삶을 살 수 있었습니다. 그가 세상을 어떤 마음으로 살았는지, 무엇을 간절히 바라며 살았는지 히브리서 말씀을 통해 알 수 있습니다.

"믿음으로 아브라함은 하나님이 주시겠다고 약속하신 땅으로 가라는 명령을 받고 그대로 순종하였습니다. 그는 가야 할 곳이 어딘지도 모르는 채 떠났던 것입니다. 믿음으로 그는 약속받은 낯선 땅으로 가서 같은 약속을 받은 이삭과 야곱과 함께 나그네처럼 천막 생활을 하였습니다. 그것은 하나님께서 설계하여 세우신 견고한 하늘의 도성을 바라고 있었기 때문입니다"(히 11:8-10, 현대인의 성경)

세상공부도 열심히 시켜야 합니다. 하지만 그것이 우선순위가 되어 자녀의 삶을 거기에 송두리째 바쳐서는 안 됩니다. 공부 문제로 자녀와의 갈등의 골이 깊어져 하나님의 백성으로 가르칠 수조차 없는 안 좋은 사이가 되어서도 안 됩니다. 기독교인의 삶의 우선순위는 하나님의 백성답게 살아가는 것임을 부모가 먼저 알아야 합니다. 이것을 알면 시험 기간에 주일 예배를 빠져도 되는지, 세상교육을 시키느라 바빠서 신앙교육을 시키지 못하고 있는 것은 아닌지 등에 대해 마음의 기준을 올바로 정할 수 있습니다. 이런 여러 고민들은 '이렇게 해라, 저렇게 하자'는 식의 율법적인 방법으로 해결되어선 안 됩니다. 말씀을 통해 내가 누구인지, 어디에 속한 사람인지, 궁극적으로 무엇을 바라며 사는 사람인지를 깨닫고 자연스럽게 믿음으로 고백하는 가운데 해결되어 가야 합니다.

두 나라에 속한 신자가 자녀에게 세상공부를 어떻게 시켜야 할까요? 정리하면 다음과 같습니다.

첫 번째, 하나님나라를 세워가는 교회에서는 물론, 세상에서의 역할도 하나님이 맡겨주신 일이라는 소명 의식을 가지고 참여해야 합니다. 자녀들도 사회 구성원으로서 제 몫을 다 할 수 있도록 성실히 가르쳐야 합니다.

두 번째, 세상 공동체에 성실하게 참여해야 하지만 두 나라의 최고 통치자이신 하나님의 말씀에서 벗어난 가르침과 통치는 거부해야 합니다. 우리의 정체성은 하나님나라의 백성입니다. 세상을 본받지 않고 말씀을 따라 살아갈 수 있도록 싱 가치관, 창조론 등과 같은 다양한 주제에 대해서도 기독교 정신과 다르게 말하는 것들을 올바로 분별할 수 있도록 가르쳐야 합니다.

세 번째, 두 나라 중 우선순위는 교회 공동체에 있습니다.

이 땅은 한시적인 나라로 예수님께서 다시 오실 때 끝이 납니다. 그러나 하나님나라 공동체는 예수님의 오심으로 완전해져서 영원히 함께 하는 공동체가 될 것입니다. 따라서 우리는 자녀를 하나님나라의 백성답게 기르는 데에 더 무게를 두어야 합니다.

1. 책에서 말하는, 기독교인이 세상에서도 성실히 살아야 하는 이유는 무엇인가요?

2. 하나님나라 공동체, 세상 공동체 중에 어떤 공동체에 무게를 두고 자녀양육을 하고 있나요?

3. 이 땅에서 우리의 정체성이 '나그네'인 것은 기독교인에게 어떤 의미가 있나요?

4. 세상 공동체에서 성실하게 살아가되 거룩하게 구별되기 위해서 자녀들에게 가르쳐야 하는 것은 어떤 것이 있을까요?

5. 나는 두 나라 공동체의 속한 사람으로서 성실하게 살고 있나요?

자녀양육, 더 깊은 은혜의 자리로

믿음이 필요한 때,
이웃사랑이라도 우리 애가 손해 보는 건 싫어요

말씀 앞에 눈 감고 싶은 순간들

자녀를 키우다 보니 혼자 있을 때 보다 더욱 말씀대로 순종하기 어려운 순간들이 찾아옵니다. 말씀대로 사는 것이 가장 유익하다는 것을 머리로는 알고 있습니다. 하지만 그것이 때로는 손해 보는 것 같고, 느려 보이고, 어떨 때는 또 미련해 보이는 것 같아 차마 순종하지 못하고 내 마음대로 결정해 버릴 때가 많습니다. 그런 제가 부모가 되어 자녀에게 말씀을 따르자고 권면하기가 참 어려웠습니다. 저 역시 자녀가 어려운 상황을 겪지 않았으면 하는 여느 부모의 마음과 다르지 않기에, '양보하자, 되갚아주지 말고 사랑으로 대하자'와 같은 이웃사랑의 도리를 알려주기가 쉽지 않았습니다. 하나님의 말씀대로 사는 것이 가장 유익한 것임을 머리로는 알았지만 내 자식이 손해 보는 상황에서는 말씀 앞에 눈을 감고 싶었습니다.

그렇게 은근슬쩍 불순종과 타협하던 제가 가정예배를 준비하며 가장 전하기 힘든 본문을 만났습니다. 바로 아브라함이 이삭을 제물로 바치는 말씀이었습니다. 아마 부모로 사는 이들에게는 가장 마주하기 힘든 말씀 중 하나일 것입니다. 가장 사랑하는 존재를 하나님께 드려야 하는 상황, 그것도 그냥 드리는 것이 아닌 제물로 드리라는 말씀은, 솔직히 고백하자면 이해하기도 전에 보고 싶지 않았습니다. 보고 깨달음이라도 있게 된다면 하나님께서 당장 우리 아이들을 취하시지 않을까 하는 바보 같은 두려움이 생기기도 했습니다.

말씀과 씨름하는 가운데 아무리 생각해도 이 말씀은 도저히 전할 수가 없었습니다. 나조차 순종할 마음의 준비가 되지 않았는데, 어떻게 이 말씀을 전해야 하는지 무거운 부담이 마음을 짓눌렀습니다. 그런데 이 본문과 연결된 히브리서 말씀을 통해 이 사건은 아이를 기르는 사람이라면, 반드시 이해하고 믿고 순종해야 하는 본문임을 깨닫게 되었습니다.

하나님을 영화롭게 하는 순종

히브리서 말씀을 통해 아브라함이 자신의 하나뿐인 아들을 기꺼이 내어놓은 이유를 알 수 있었습니다. 아브라함은 이삭의 죽음에 집중하지 않았습니다. 그는 반드시 살려내실 하나님의 언약을 바라보았습니다. 하나님을 신뢰하지 못해 아내를 누이라 속이고, 하나님의 약속을 기다리지 못한 나머지 하갈을 통해 이스마엘을 낳았던 그였습니다. 그러나 아브라함은 오랜 세월을 거쳐 하나님의 신실하심을 그의 인생 가운데 경험하고 믿음의 조상이 될 준비를 마쳤습니다. 그는 이삭을 바치라는 말씀 앞에서 이삭을 통해 하늘에 별과 같은 수많은 자손을 주리라 약속하신 하나님의 언약을 믿었습니다. 아브라함 자신의 어떠함과 관계없이 신실하신 언약의 하나님을 향한 믿음으로 순종했던 것입니다.

희생과 양보의 차원이 아닌, 자식을 제물로 바치라는 말씀 앞에 어느 부모도 지체 없이 순종하기는 어려울 것입니다. 하지만 아브라함은 그 상황을 다 이해하지 못하고, 어찌해야 할 방법도 모른 채 그저 주님의 약속을 믿었습니다. 그리고 그는 자신의 순종을 통해 믿음을 드러냈습니다. 믿음을 바탕으로 한 순종으로 하나님을 영화롭게 한 것입니다.

하나님은 아브라함의 순종을 통해 영원한 산 소망이신 예수 그리스도의 십자가 복음을 미리 보여주셨습니다. 나의 죄를 씻기 위해 동물로 여러 번의 제사를 드리는 것이 아니라, 죄 없는 독생자 아들이 단번에 모든 죄를 짊어지실 것을 이삭을 통해 미리 알려주신 것이지요. 스스로 제물이 되기 위해 나무를 메고 간 이삭처럼 예수님은 스스로 나무 십자가를 메시고 산 제물이 되어주셨습니다. 이삭의 예정된 죽음은 미리 준비하셨던 어린양의 죽음으로 완성되었고, 예수님은 친히 어린양이 되어주심으로 우리를 위한 완전하고 흠 없는 제물이 되어주셨습니다. 모든 것이 완벽한 '여호와 이레' 하나님의 예비하심이었습니다.

자녀를 키우며 마주하는 숱한 어려움 앞에서 우리는 하나님의 예비하심을 바라보고 살아가야 합니다. 하나님이 우리에게 예비해 주신 가장 좋은 것이 무엇입니까? 죄로 인해 죽을 수밖에 없는 우리를 속량하시고 다시 살리시어 부활에 동참하게 하실 바로 예수 그리스도이십니다. 우리의 삶은 이 땅에서는 잠시 지나가는 나그네의 삶임을 잊지 맙시다. 무엇보다 우리의 영원한 본향은 천국에 있음을 믿어야 합니다. 이것이 우리의 소망입니다. 아이를 키우며 숱하게 만나는 요동치는 상황에서 하나님을 향한 믿음과 소망만이 부모에게 흔들리지 않는 온전한 버팀목이 되어줍니다.

하나님을 향한 믿음은 나의 굳은 의지와 결심으로부터 나오는 것이 아닙니다. 믿음은 들음에서 나고, 들음은 말씀에서 나기에 우리는 날마다 말씀 앞에 서는 부모가 되어야 합니다. 친히 자기 백성을 인도해 가시는 하나님의 역사를 바라보며 그분이 어떤 분이신지, 무엇을 행하시고 가르치셨는지를 말씀을 통해 듣고 믿으며 살아가야 합니다. '하나님이 지켜주실 거야'라는 막연한 기대 아래 나의 게으름을 믿음으로 포장해서는 안 됩니다. 이것은 하나님을 향한 믿음이 아닙니다. 우리는 나의 계획으로 하나님을 움직이는 자가 아닌, 하나님의 말씀을 믿고 순종하는 사람들입니다.

이 땅에서 잠시 살아가는 동안 어려움이 있을 수 있습니다. 그 풍랑은 때로 바울의 가시처럼 평생을 품고 가는 오랜 아픔이 될 수도 있습니다. 하지만 영원한 하나님나라, 저 천국에서는 이 모든 것이 해결됩니다. 부모와 자녀 모두의 아버지 되신 하나님께서 우리를 위해 십자가의 모든 계획을 성취하셨습니다. 하나님께서 부모인 우리보다 우리의 자녀들을 더욱 사랑하십니다. 따라서 우리의 자녀에게 부모가 줄 수 없는 더 크고 놀라운 계획을 펼쳐주실 것입니다. 한계가 있는 인간인 우리 부모보다, 완전하신 그분께서 우리의 자녀들에게 맞는 가장 좋은 길을 예비해 주실 것입니다.

그러니 이삭을 바친 이야기는 부모에게 두려운 말씀이 아닌, 가장 좋은 것을 준비하시는 하나님을 향한 믿음의 말씀입니다. 말씀을 따라 순종하는 것이 때로는 느리게 보이고 미련해 보이는 숱한 시험의 순간들이 찾아옵니다. 하나님을 따르자고 말하는 대신, 세상의 유익을 더 우선순위에 두고 싶은 유혹이 부모의 마음을 시시때때로 흔들어 놓습니다. 그럼에도 우리가 순종할 수 있는 힘은 나와 자녀에게 가장 좋은 것을 준비해 주신 주님, 우리를 다시 살리실 주님을 향한 믿음이 있기 때문입니다. 말씀을 따라 믿음으로 순종하는 것이야말로 우리가 생각했던 결과에 상관없이 우리에게 가장 유익합니다.

엄마가 먼저 순종의 길을 갈게

자녀에게 흔들림 없이 순종할 것을 권면하기 위해서는 부모가 먼저 하나님을 향한 온전한 믿음과 순종의 기쁨을 경험해야 합니다. 내가 손해 보는 것 같을 때에도 순종했던 경험들로 누린 은혜가 크면 클수록, 잠깐의 손해를 뛰어넘는 풍성힌 은혜의 길로 자녀를 인도할 수 있습니다. 따라서 많은 믿음의 경험을 쌓아야 합니다. 믿음은 삶으로 드러나기에 삶에서 나를 꺾고 말씀대로 순종하는 경험이 삶 가운데 켜켜이 쌓여가야 합니다. 그래야 당장은 손해인 것 같은 상황에서도 믿음으로 순종할 수 있습니다.

이웃을 내 몸과 같이, 심지어 원수까지도 사랑하라 하신 말씀을 기억합시다. 그런데 아이들에게 이 부분을 가르치기란 결코 만만치 않습니다. 강제로 또는 억지로 시범을 통해 보이는 행동의 변화를 만들어내는 것은 그다지 의미가 없습니다. 마음의 뿌리가 바뀌어야 하고 그러기 위해선 이웃사랑과 관련된 성경의 가르침이 필요합니다. 동시에 나의 놀잇감과 간식을 기꺼이 나눠주는 것, 도움이 필요한 친구들에게 손을 내밀어 주는 것과 같은 실천적인 모습도 함께 가르쳐야 합니다.

왼뺨을 맞은 자에게 오른뺨도 내어 주라고 하신 예수님의 말씀을 오늘날 어떤 부모가 쉽게 가르칠 수 있을까요? 물론 맞고 있는 자녀에게 다른 쪽도 더 맞으라고 문자 그대로 알려주어서는 안 됩니다. 나의 아이도 소중하게 보살피고 보호해야 합니다. 자신의 몸을 방어할 수 있는 방법을 알려주고 부모나 선생님에게 도움을 청하는 등 적절한 대처법을 가르쳐야 합니다. 그러나 친구들과의 다툼에서 '맞지만 말고, 똑같이 때려줘', '엄마가 물어줄 테니 더 세게 때려'와 같은 앙갚음에서 비롯된 가르침을 전해서는 안 됩니다. 긍휼히 여기는 이웃사랑의 마음을 가르쳐야 합니다. 참 어렵죠. 부모가 대신이라도 때려주고 싶은 그 심정을 잘 압니다. 그럼에도 이 땅에 오셔서 대가 없이 모든 희생을 감수하신 예수님을 바라보며 우리도 그 섬김의 길을 따라가야 합니다.

이 어려운 가르침을 전하기 위해선, 부모의 경험이 바탕이 되어야 합니다. 부모조차 믿음으로 순종한 경험이 없다면, 순종에 대한 확신을 전해 주기 어렵습니다. 불편과 손해를 감수하고 믿음으로 순종한 이후에 누린 은혜의 경험이 자녀에게도 순종을 가르치는 힘이 됩니다. '오늘 양보해 주었으니까, 하나님이 분명 더 좋은 것을 주실 거야. 그것이 더 좋은 놀잇감일 수도 있고, 아니면 그 놀잇감이 없어도 충분히 더 행복한 넓은 마음일 수도 있어', '하나님이 언제나 보고 계셔. 우리가 양보해 준 그 마음으로 인해 하나님의 영광이 드러날 거야'라고 믿음으로 알려줘야 합니다. 그리고 정말 하나님께서는 그렇게 순종한 나와 우리 아이에게 가장 큰 상급을 주실 것입니다.

우리의 상급이 무엇입니까? 바로 여호와 하나님이십니다. 그분이 우리의 최고의 상급이요, 유일한 상급이십니다. 순종의 과정을 통해 우리는 더 많이 하나님을 의지하고 더 많이 그분을 누리는 은혜를 얻게 됩니다. 이러한 순종이 세상 그 어떤 것보다도 나에게 가장 큰 기쁨이 되어야지만, 자녀에게도 주저 없이 하나님께 순종하자고 이야기할 수 있습니다.

아직도 아브라함의 이야기를 들춰보기가 두려우신가요?

믿음이 연약한 저와 같은 모든 부모 여러분! 여태껏 아브라함과 같이 자신의 살길에만 몰두했던 저와 여러분에게 '이제부터라도 하나님을 향해 과감히 순종의 발걸음을 내디뎌봅시다'라고 권면해 봅니다. 아직 내 삶에서 순종의 발걸음을 떼지 못했다면 지금 바로 말씀 앞으로 나아가야 합니다. 믿음은 들음에서 남을 기억합시다. 하나님께서 어떤 분이신지, 그분이 자기 백성을 위해 어떤 일을 행하셨는지 말씀을 통해 살펴봅시다. 우리에게 더욱 견고한 믿음을 주시기를 기도합시다. 그리고 모든 삶의 자리에서 믿음으로 순종하며 나아갑시다.

1. 자녀가 손해 보는 것이 싫은 마음이 생길 때는 언제인가요?

2. 하나님이 아브라함에게 말씀하신 명령을 이해할 수 있나요?

3. 아브라함과 이삭, 예수님의 순종으로 우리가 누리는 은혜는 무엇인가요?

4. 우리가 손해를 감수하고서라도 이웃사랑을 실천할 수 있는 이유는 무엇인가요?

5. 견고한 믿음의 사람이 되기 위해 말씀과 가까이하고 있나요? 그렇지 못하다면 다음 챕터를 읽고 결단해 보세요.

자녀양육, 더 깊은 은혜의 자리로

말씀이 필요한 때,
아이를 키우니 말씀 읽을 시간도 없어요

쉴 새 없이 요동치는 육아의 자리에서 마음을 붙들 수 있는 성경이 있다는 것은 참으로 복된 일입니다. 자녀와 겪는 갈등은 물론, 자녀를 키우며 마주하는 다양한 상황과 위기 속에서도 걱정과 불안으로 살아가지 않고 믿음으로 살아가는 비결은 오직 성경입니다. 믿음은 하나님의 말씀으로부터 나오기 때문이지요. 그래서 믿음으로 자녀를 키우고자 하는 부모들은 반드시 말씀 앞으로 나아가야 합니다. 말씀을 통해서만 하나님을 올바로 알아갈 수 있습니다.

세상의 모든 학문은 인간이 스스로 탐구해서 알아갈 수 있지만, 하나님은 오직 하나님께서 드러내 보여주신 것으로만 알아갈 수 있습니다. 하나님께서 드러내 보여주신 것, 이것을 조금 어려운 말로 '계시'라고 합니다. 이 계시에는 일반적인 계시와 특별한 계시가 있습니다. 일반계시는 모든 사람이 볼 수 있도록 드러내 보여주신 것으로 하나님의 피조세계인 온 자연과 마음 안에 있는 양심이 이에 해당합니다. 인간은 이 일반계시를 통해 절대자가 있음을 알 수 있습니다. 하지만 죄인인 인간이 이 일반계시만으로는 하나님을 온전히 알기 어렵습니다. 그래서 우리에게 '특별계시'인 하나님의 말씀, 즉 성경을 주셨습니다. 우리는 이를 통해 좀 더 구체적으로 그리고 올바로 하나님을 알아갈 수 있습니다.

말씀읽기의 중요성은 제가 강조하지 않아도 신앙생활을 하는 분들은 모두가 잘 아실 겁니다. 그러나 아이를 낳고 달라진 엄마의 일상에서 성경읽기는 너무나 멀게 느껴집니다. 휴일 없이 모든 시간을 아이와 함께 하기에 시간이 나면 조금이라도 자고 싶고 쉬고 싶은 마음이 듭니다. 말씀읽기의 유익을 몰라서가 아닙니다. 중요하다는 것은 잘 알지만 너무도 고단하고 피곤하기에 말씀 앞에 나아가기 위해선 전보다 더 큰 결단이 필요한 것이지요.

그리고 성경과 멀어진 또 다른 이유는 말씀을 읽어도 그것이 무슨 의미인지 잘 모른다는 것입니다. 성경은 66권의 책이 모인 실로 방대한 책입니다. 이러한 책을 읽어가는 데 기초 지식과 길잡이가 없으니 의미를 제대로 알지 못한 채 그저 꾸역꾸역 읽기만 하는 것입니다. 그렇게 읽다 보니 달디 단 말씀의 깊은 유익을 제대로 누리지 못합니다. 그저 어렵고 딱딱하게만 여기다 결국 포기하고 맙니다. 그래서 이번 챕터에서는 자녀를 낳고서 고단한 가운데서도 포기하지 않고, 말씀과 가까이하기 위해 어떻게 성경을 읽어왔는지에 대한 개인적인 경험을 나누어 보고자 합니다.

성경통독

성경은 66권의 모음이자 동시에 하나님의 장엄한 구원의 이야기가 담긴 한 권의 책입니다. 따라서 우리는 먼저 성경의 숲을 볼 수 있어야 합니다. 성경 전체가 무엇을 말하고 있고 성경의 중요한 주제들은 무엇인지, 또한 66권의 각 성경이 무엇을 말하고 있는지를 알아야 합니다. 그래야 각 권마다, 장마다, 구절마다 성경의 큰 흐름에서 벗어나지 않게 해석할 수 있습니다. 그런데 적잖은 사람들이 성경 전체를 보기 힘들어합니다. 종종 자신이 좋아하는 구절만 반복해서 봅니다. 그렇게 부분만 떼어서 보다 보면 자칫 맥락에서 벗어난 해석으로 흐를 수 있습니다. 때문에 66권 성경 전체의 숲을 본 뒤 각 권 혹은 각 장과 구절을 읽어 간다면 성경 전체의 맥락에서 그것들을 이해할 수 있게 될 것이고, 좀 더 올바르고 유익하게 성경을 읽어갈 수 있을 것입니다.

성경의 흐름을 알기 위해 전체의 맥을 잡을 수 있는 책을 읽으면 성경 통독에 큰 도움이 됩니다. 저는 『성경 파노라마』 (규장)라는 책을 보았습니다. 성경의 시간적 지리적 흐름을 파악할 수 있는 책이라, 성경의 각 권들이 어떤 줄거리로 흘러가는지를 쉽게 읽을 수 있었습니다. 이후 『만화 성경개관』(부흥과개혁사)을 통해 성경 각 권에 담긴 주제와 의미를 공부했습니다. 자의적인 해석에 빠지지 않기 위해선, 이렇게 성경이 쓰인 배경과 어떤 관점으로 읽어야 하는지에 대한 믿음의 선배들의 검증된 길잡이가 필요합니다.

이렇게 전체적인 흐름과 각 권별 의미를 파악한 뒤에 세부적인 내용을 읽어가는 것이 좋습니다. 성경은 문화적으로 전혀 다른 시대에 쓰인 이야기이기에 오늘을 사는 우리가 읽었을 때 바로 이해하기 어려운 구절들이 많습니다. 그 구절에 담긴 의미가 잘 파악되지 않을 때는 은근슬쩍 넘어가려 하지 말고 질문하고 생각하며 그 부분을 공부해 가야 합니다. 그럴 때 그 의미가 마음에 오래 남고 은혜가 됩니다. 주석 혹은 스터디바이블을 구비해 두고 궁금증이 생길 때마다 함께 읽으면 도움이 됩니다. 성경을 자의적으로 해석하지 말라하신 권면을 기억하며(벧후 1:20) 말씀을 읽어가는 것이 좋습니다.

우리는 세상의 모든 것을 공부합니다. 매일 하는 요리도 어떻게 하면 더 맛있게 만들 수 있을지, 재료는 어떻게 보관하고 사용하는 것이 좋은지를 열심히 찾고 배웁니다. 요리도 이렇게 하는데, 하물며 하나님을 잘 알아가기 위해선 당연히 더욱더 열심을 내야 하지 않을까요? 하나님이 사람에게 이성과 지성을 주신 것은 하나님을 잘 알아가고 우리가 하나님과 더 깊은 관계를 맺도록 하시기 위해서입니다. 따라서 모든 신자는 하나님을 배워가는 신학생입니다.

무지와 무관심으로 자신을 떠났던 백성들을 향해 하나님은 말씀하십니다. "내 백성이 지식이 없으므로 망하는도다"(호 4:6). 우리는 부지런히 하나님을 알아가야 합니다. 그리스도의 장성한 분량에 이르기 위해 하나님을 아는 일과 믿는 일에 하나가 되어야 합니다.

> "그렇게 되면 우리가 다 하나님의 아들을 믿고 아는 일에 하나가 되고 성숙한 사람이 되어 그리스도의 완전하신 충만에까지 이르게 될 것입니다"(엡 4:13, 현대인의 성경)

교리공부

교리공부는 딱딱하고 실제 삶에서 그리 쓸모가 없다는 오해를 많이 받습니다. 하지만 저는 특별히 교리를 통해 삶의 많은 부분에서 도움을 받았습니다. '온라인 예배만 드려도 되는지, 로또 당첨을 기도해도 되는지'와 같은 일상의 문제들 앞에 다른 사람이 내린 답만 일방적으로 따라가는 것은 바람직하지 못합니다. 삶에는 수많은 변수들이 있습니다. 같은 문제라고 해도 누구에게는 이 음식을 먹어야 하는 상황이 있고, 누구에게는 먹지 말아야 하는 상황이 찾아옵니다. 행동 지침만을 기계적으로 따르는 율법적인 사람이 되어서는 안 됩니다.

말씀에 기반한 중요한 교리들을 익혀두면 상황에 따른 행동을 결정하는 데 도움이 됩니다. 예배가 무엇인지 알면 온라인 예배 문제 앞에 놓인 다양한 상황들을 판단하고 거기서 어떻게 바른 예배의 자리로 나아갈 수 있을지를 적절히 판단할 수 있습니다. 기도가 무엇인지를 알면, 로또 당첨을 기도하는 문제나 살면서 만나는 다양한 소원들 앞에서 올바른 기도의 방향을 판단할 수 있게 됩니다. 마치 수학에서 기초 개념을 잘 배워야 어려운 응용문제도 잘 풀 수 있는 것과 같습니다. 답만 외워가지고선 문제가 조금만 다르게 응용되어 나와도 풀지 못하는 것과 같지요. 하나님은 누구신지, 인간은 누구인지, 죄는 무엇이고 구원은 무엇인지, 기초부터 튼튼하게 배워두면 여러 상황 앞에서 말씀의 기준 아래 살아갈 수 있습니다.

먼저는 신자가 믿어야 할 바를 잘 담아낸 공교회의 신앙고백인 사도신경과 신자의 소망이 담긴 주기도문, 그리고 신자가 실천해야 할 내용(사랑)이 담긴 십계명을 배워야 합니다. 이후 믿음의 선배들이 정리해 놓은 교리문답을 하나씩 배워가면서 성경의 중요한 주제들을 보다 체계적으로 정리해 가면 좋습니다. 하나님은 목사와 교사를 세우시고 이들이 성경을 더 잘 이해하고 가르치게 하심으로 교회를 세워가십니다 (엡 4:11).

성령의 도우심

그러나 무엇보다도 가장 중요한 것은 성령의 인도하심입니다. 성령 하나님의 도우심 없이는 온전히 하나님을 알아갈 수 없습니다(고전 2:14). 우리는 성령께서 비춰주시는 만큼 깨달을 수 있습니다.

성령의 도우심은 신비한 방법으로 갑자기 깨달아지는 것이 아닙니다. 하나님께서는 우리에게 지성을 주셨습니다. 부지런히 공부하는 과정 가운데 믿음으로 받아들이고 깨닫도록 도와주십니다. 성령 하나님을 통해 우리는 말씀을 이해하고, 동의하며 의지를 다해 삶으로 살아가기를 다짐하게 됩니다. 우리의 지식과 감정과 의지에 모두 일하시는, 우리를 인격적으로 대하시는 하나님의 은혜입니다.

두 아이를 키우며 6년간 매일 말씀 앞에 나아갈 수 있었던 이유는, 성령 하나님의 깨닫게 해주신 은혜 덕분이었습니다. 때로는 무릎을 탁 치며 '이런 의미였구나!'라는 탄식이 흘러나오기도 했습니다. 말씀을 알아가는 것이 즐겁고 기뻤습니다. 때로는 성경에 나타난 불순종하는 미련하고 비참한 모습이 나의 모습과 다르지 않음을 알고 애통해하기도 했습니다. 보고 또 보아도 지루하지 않았습니다. 날마다 주시는 은혜가 있었기에, 말씀과 함께 한 모든 시간이 달디 단 은혜의 시간이었습니다. 그 시간을 방해하는 유혹과의 힘든 싸움을 잘 이겨낸다면, 우리의 좋으신 하나님께서는 반드시 말씀을 통해 은혜를 주십니다. 아이들이 잠든 새벽시간에 피곤한 몸을 일으켜 말씀을 통해 얻는 은혜는 그날을 살게 하는 힘이 되었습니다.

말씀 앞에 설 때는 언제나 겸손히 하나님의 도우심을 구해야 합니다. 성경은 다른 학문처럼 내가 노력한 만큼 비례해서 깨닫는 것이 아닙니다. 깨닫는 은혜의 깊이가 깊어도 나의 공이 아니라 성령님께서 비춰주신 것이기에 나의 깨달음이라 자랑할 수 없습니다. 오직 은혜일 따름입니다. 그러니 더욱 성령님의 도우심을 구하며 말씀 앞에 나아가야 합니다.

덧붙여 자녀에게 말씀을 읽어 줄 때에도 다른 그림책을 읽어 줄 때와는 다르게 성령의 일하심을 통해 자녀의 믿음이 자라 기를 기도하며 읽어주어야 합니다.

함께 읽기

위의 내용을 읽으면서 성경읽기를 결심하시는 분들도 계시겠 지요? 만약 여러분이 성경읽기를 결심하셨다면, 꼭 권해드리 는 방법이 바로 함께 읽는 것입니다. 우리는 연약하기에 말씀 앞에 나아가기 위해서는 날마다 내 안의 죄와 싸우고, 외부 로부터 오는 사단의 유혹과도 싸워야 합니다. 그런데 이 싸 움이 결코 만만치 않습니다. 우리는 당장에 편하고 달콤한 것에 쉽게 항복합니다. 습관과 관련된 책들이 연일 쏟아지는 이유가 있습니다. 좋은 습관을 들이기가 그만큼 쉽지 않기 때문입니다.

전도서 4장에 담긴 지혜가 우리에게 좋은 통찰을 던집니 다. 한 사람이 당해낼 수 없는 공격도 두 사람이면 능히 막 아낼 수 있습니다. 삼겹줄은 한 겹의 줄보다 쉽게 끊어지지 않습니다. 공동체로 모이면 한 명이 넘어질 때 다른 사람이 도와 일으키며 함께 갈 수 있습니다. 특별히 부모가 된 부부가 함께 말씀을 읽으시기를 바랍니다. 매일 같은 말씀을 통해 은혜를 누리고 깨달은 바를 나눔으로 서로를 더 이해하고 더 풍성히 하나님을 누릴 수 있습니다. 더불어 부모가 말씀의 은혜 안에 있으면 어떤 상황에서도 주를 의지하게 되기에, 그런 가정은 늘 평안을 누립니다.

성경읽기는 영혼의 양식입니다. 매일 밥을 먹어야 하는 것처럼 오늘을 살기 위해서는 매일 말씀 앞에 나아가야 합니다. 이전까지 실패했어도 괜찮습니다. 오늘을 위해서 다시 시간을 구별하여 말씀 앞으로 나아가면 됩니다. 완벽히 통독하려는 마음을 내려놓고 오늘 하루를 위해 다시 성경을 펼쳐야 합니다.

적용하기

성경에는 우리가 믿어야 할 바(복음)와 행해야 할 바(율법)가 담겨 있습니다. 우리는 하나님께서 하신 일을 믿어야 될 뿐만 아니라 하나님께서 하라 하신 일에 순종해야 합니다. 그러나 이따금 우리는 복음의 은혜 뒤로 숨어버리기만 합니다. 우리가 죄인이기에 완벽히 순종할 수 없음을 알고 나서는 이것을 핑계 삼아 신자가 행해야 할 바에 대해선, 지적으로 이해하고 적용점만 찾아낼 뿐, 실제로 그렇게 살고자 노력하지 않습니다. 그런 상태로 말씀만 계속해서 읽으면, 머리만 커지고 삶은 형편없어집니다. 앎과 행함 사이의 간격이 점점 벌어지고 맙니다.

성경은 우리에게 '말씀을 듣기만 하여 자신을 속이지 말고 실천하는 자가 돼라'고 말합니다(약 1:22). 행동이 따르지 않는 믿음은 죽은 믿음이라 말하는 야고보 사도의 이야기를 꼭 기억합시다. 참된 믿음과 행동은 분리될 수 없으며 참된 믿음에는 반드시 순종이 따라야 함을 잊지 맙시다. 말씀 앞에 매일 나가지만 삶의 변화가 전혀 없다면 하나님을 사랑하는 것이 아닌, 그저 하나님을 사랑하는 종교적인 모습만 좋아하는 것일 수도 있습니다. 노력 없이 깨닫길 바라고 묵상 없이 깊어지기를 바라며, 순종 없이 말씀이 내 삶에 스며들기를 바라면 안 됩니다.

각박하고 분주한 삶 가운데서도 말씀대로 살고자 애쓰는 분투의 현장에 하나님의 참된 위로가 있을 것입니다. 성경에서 깨달은 바를 살아낼 때 우리의 육아현장에는 진정한 믿음의 열매가 맺힐 것입니다. 부모가 된 우리들은 누구보다도 말을 듣지 않는 자녀를 향한 안타까움을 잘 압니다. 그러기에 우리는 하나님의 말씀을 더더욱 잘 들어야 합니다. 우리는 성경을 통해 하나님의 영광을 보고, 이웃은 우리의 삶을 통해 하나님의 영광을 봅니다. 우리의 순종이 하나님을 영화롭게 하기에, 부모의 순종을 통해 자녀들은 날마다 하나님의 영광을 보게 될 것입니다.

🕯 웨스트민스터 소교리문답

2문: 하나님을 영화롭게 하고 하나님을 즐거워하도록 지도하시기 위해 하나님께서 우리에게 주신 법칙은 무엇입니까?

답: 하나님을 영화롭게 하고 하나님을 즐거워하도록 지도하시기 위해 하나님께서 우리에게 주신 법칙은 구약과 신약 성경에 기록된 하나님의 말씀뿐입니다.

3문: 성경이 주로 가르치는 것은 무엇입니까?

답: 성경이 주로 가르치는 것은 사람이 하나님에 대해 무엇을 믿어야 하는가와 하나님께서 사람에게 요구하시는 의무는 무엇인가입니다.

1. 자녀를 출산하고 말씀을 멀리하게 되었다면 그 이유는 무엇인가요?

2. 성경이 어떤 내용인지 설명할 수 있나요? 없다면 말씀을 이해하기 위해 내가 공부해야 할 것은 무엇인가요?

3. 교리공부는 성도가 성경을 자의적으로 해석하지 않고, 말씀에 기반 하여 건강하게 해석하는 데 도움이 됩니다. 앞으로 배워보고 싶은 교리는 어떤 것이 있나요?

4. 말씀을 읽을 때, 성령의 도우심을 구하고 있나요?

5. 성경읽기를 실천하기 위해 구체적인 계획(시간, 분량, 기록방법 등)을 세워보세요.

자녀양육, 더 깊은 은혜의 자리로

❋ 오직 성경

모든 성경은 하나님의 감동으로 된 것으로
교훈과 책망과 바르게 함과
의로 교육하기에 유익하니(딤후 3:16)

엄마는 물론 아이들의 신앙도 오직 성경이 기준이 되어야
합니다. 신앙뿐만 아니라, 삶의 기준, 지혜, 가치 판단 등
이 모든 것에서 오직 성경만이 우리의 유일한 기준이어야
합니다. 세상의 지식은 시대가 추구하는 바에 따라 달라
집니다. 하지만 성경은 시대가 지나도 변하지 않는 진리
를 품고 있습니다. 저는 오직 성경만이 저와 우리 아이들
의 구원은 물론, 삶의 문제를 해결하는 완전하고 유일한
답임을 믿습니다. 물론 다양한 책과 콘텐츠에 나오는 사
람들의 지혜도 참고할 수 있습니다. 하지만 그것이 성경
적으로 옳은지 고민한 뒤에 받아들여야 합니다.

아이들을 키울 때 육아의 지혜를 배우고자 육아서적
과 훌륭한 선생님들의 이야기를 여럿 참고했지만, 언제나

그 내용이 성경적인지를 꼭 살펴보았습니다. 특히 요즘 시대에 유행하는 자존감, 감정읽기를 무조건 수용하지 않을 수 있었던 것도 말씀이 기준이 되었기 때문입니다. 나의 생각이나 감정을 무조건적으로 존중하는 것이 옳지 않다는 것을 성경을 통해 알 수 있었습니다. 우리의 본성은 죄로 오염되어 있기에 나의 생각이나 감정 또한 죄 된 마음으로부터 피어오르는 경우가 많습니다. 그러기에 신자는 자기 존중으로부터 오는 나의 주장이 아닌 그리스도의 말씀을 따라 사는 사람들입니다. 우리 삶의 가치는 무조건적으로 스스로를 수용하고 인정하는 태도에서 오는 것이 아니라, 나 같은 죄인을 불러 하나님과 다시 교제할 수 있도록 이끌어주신 예수님의 십자가 사랑을 아는 데서 옵니다. 이렇듯 육아는 물론, 삶의 모든 기준 역시 성경이 되어야 합니다.

성경 외에 자신의 경험이나, 누군가의 견해를 무조건 따르는 것도 주의해야 합니다. 저는 저의 경험일지라도 그것이 성경적으로 맞는 것인지 늘 살펴보려 했습니다. 신비한 일과 개인적인 체험 등은 다른 종교에도 있을 수 있는 일이기에, 아이들에겐 그러한 것보다는 말씀에 담긴 하나님을 알려주고자 노력했습니다. 내가 느낀 특별한 일보다 하나님께서 직접 말씀하신 성경을 먼저 알려주었고, 날마다 마주했던 실패의 경험들과 그 아래 제가 고민하고 적용했던 것들도 함께 나누었습니다. 엄마가 아닌, 아이들이 직접 성경을 마주하는 가운데 말씀 앞에서 하나님을 만날 그날을 준비하고 싶었습니다.

이쯤 되면 너무 피곤하게 사는 거 아닌가 생각하실 수도 있습니다. 그러나 저는 저희 아이들 역시 평생을 오직 말씀의 기준으로 살아가기를 바랍니다. 언제나 성경 속 오랜 세월과 수많은 사람들에게 역사하신 신실하신 하나님을 바라보며, 삶의 어려운 순간마다 성경 앞으로 달려가기를 바랍니다. 하나님께서 왜 이렇게 하셨는지, 성경 속 인물들은 왜 그렇게 행동했는지를 늘 고민하고 씨름하며 말씀 가운데 하나님께 묻기를 바랍니다. 성경이 우리 자녀들의 삶에 온전히 뿌리내릴 때, 우리 아이들이 성경에서 인생의 진정한 해답을 찾고 삶의 지혜를 얻으며 세상이 줄 수 없는 위로를 누릴 수 있으리라 믿습니다. 자신의 감정과 판단으로 자신이 주인이 되는 삶이 아닌, 말씀을 따르는 삶을 통해 그리스도의 장성한 분량에 이르는 우리 자녀들이 되길 바랍니다.

때로는 성경을 따르는 삶이 왠지 모르게 뒤처지는 것 같고 미련해 보일 때가 있을 것입니다. 그러나 그것이 가장 바르고 선한 길임을 믿는다면, 이 땅에서 조금 부족하고 조금 느려도 얼마든지 괜찮습니다. 우리의 종착지는 이 땅이 아닌 영원한 천국이기 때문입니다. 엄마가 먼저 하나님을 신뢰하십시오. 성경적 가치관을 신뢰하는 것은 성경을 통해 말씀하신 하나님을 신뢰하는 것입니다.

자녀양육, 더 깊은 은혜의 자리로

기도가 필요한 때,
제 욕심대로 키우지 않으려면

자녀를 위해 기도를 드리다 보면 이 땅에서의 필요만 잔뜩 떠오를 때가 있습니다. 그 필요가 진정으로 자녀를 위한 것인지, 자녀조차 원치 않는 것인지 알지 못한 채 마음의 중심을 살피지 않고, 그저 엄마 개인의 욕심만 늘어놓기도 합니다. 예수님을 나의 주인으로 모시는 것이 아니라, 내가 주인이 되어 예수님이 나의 소원을 들어주시기를 바라는 것처럼 말이죠.

우리는 우리 자신이 바라는 것을 추구하며 살아갑니다. 기도에는 종종 그런 우리의 바람이 담깁니다. 때문에 우리는 늘 기도의 방향을 점검해야 합니다. 자녀를 위한 기도는 육아의 방향과 태도에 영향을 주기에, 그 기도의 방향을 더욱 면밀히 살펴야 합니다. 언젠가부터 하나님의 뜻에 따라 자녀를 기르기 위해 바른 기도의 방향을 정리해야겠다고 생각했습니다. 그러는 와중에 주기도문을 새로이 만나게 되었습니다. 내 뜻으로 잘못 구하고 있는 간구는 없는지, 놓치고 있는 기도는 없는지, 저와 같이 어떻게 기도해야 할지 모르는 이들을 위해 예수님께서 친히 주기도문을 알려주셨습니다. 주기도문은 신자의 소망이 담긴 보물입니다. 주기도문을 통해 부모로서의 마음을 다시금 점검해 보았습니다.

하늘에 계신 우리 아버지여

먼저 하나님께서 저는 물론 우리 아이의 아버지가 되어주시는 은혜를 누립니다. 하늘에 계신 초월적인 하나님께서 우리와 아주 친밀하고 가까운 관계인 아버지가 되어주셨습니다. 우리는 그분의 자녀가 되었고 하나님께서는 자녀 된 우리를 친히 돌보아 주십니다. 그 은혜에 기대어 우리는 언제든지 하나님께 기도드릴 수 있게 된 것입니다.

이름이 거룩히 여김을 받으시오며

하나님의 자녀 된 우리는 무엇을 구하며 살아야 할까요? 먼저는 이 땅에 마음을 쏟느라 잊고 있었던 우리 인생의 참된 목적이신 하나님의 이름, 즉 하나님의 영광을 위해 살아가야 합니다. 하나님의 이름은 하나님이 어떠한 분이신지를 알려 줍니다. 그것이 곧 하나님의 영광입니다. 따라서 하나님의 이름이 거룩히 여김을 받게 한다는 말은 하나님의 영광을 위한다는 말과 동일합니다. 우리는 살아가면서 인생의 다양한 목표를 정할 수 있습니다. 잘 먹는 것, 좋은 학교에 가는 것, 열심히 노력한 만큼 성과를 얻는 것 등을 모두 목표로 삼을 수 있습니다. 하지만 우리 인생의 궁극적인 목적은 하나님의 영광임을 반드시 기억해야 합니다.

나라가 임하시오며

우리는 이 땅에 잠시 머무는 나그네입니다. 아이들과 함께 살아가는 이 땅은 죄로 인해 많이 훼손되었지만, 예수님께서 다시 오시면 아픔도 슬픔도 없는 영원한 하나님나라가 완성되고 우리는 그곳에서 영원히 살게 됩니다. 예수님께서 우리를 고아처럼 버려두지 않고 다시 오시겠다고 약속하신 것을 마음에 새기고, 아이들과 함께 하나님나라에서 영원히 살아갈 날을 늘 소망합시다. 신자가 이 땅에서 그 어떤 어려움 가

운데서도 요동하지 않고 항상 기뻐할 수 있는 이유는 완성될
하나님나라에 대한 소망이 있기 때문입니다.

뜻이 하늘에서 이루어진 것 같이 땅에서도 이루어지다

하늘에서 뿐만 아니라 이 땅에서도 천국 백성답게 하나님의
통치 아래 살아가기를 기도합시다. 하나님나라는 하나님이
다스리시는 나라입니다. 하나님이 다스리시는 모든 곳이 하
나님나라입니다. 따라서 하나님나라를 기다리는 사람은 언
제나 어느 곳에서나 하나님의 다스리심 아래 살아가야 합니
다. 주님의 뜻이 하늘에서 이루어진 것 같이 이 땅에서도 하
나님나라 백성을 통해 그 뜻이 이루어지기를 간구합시다.

일용할 양식을 주옵시고

주님께서 우리에게 필요한 것을 구하라 하셨습니다. 주님께
서는 이런 우리의 필요를 아시고 늘 그 필요를 채워주십니다.
이 모든 것이 주님의 섭리 안에 있음을 잊지 말고, 모든 것을
감사히 여기는 마음으로 우리의 가정과 아이의 일용할 필요

를 구합시다. 그 이상의 무절제한 탐욕으로 구하는 것에 늘 주의합시다. 반대로 지나친 금욕으로 인해 주님이 주신 모든 것을 은혜가 아닌 가치 없는 것으로 여기지 말아야 합니다. 그러기 위해선 우리 마음의 중심을 주님께 두고 우리의 일용한 필요를 감사함으로 구하되 늘 자족하며 살아가야 합니다.

우리 죄를 사하여 주옵시고

회개는 우리의 죄를 용서해 주시는 하나님의 선물입니다. 우리는 죄를 미워하시는 공의로우신 하나님과 결코 교제할 수 없는 존재, 즉 죄인이었습니다. 그러나 예수 그리스도께서 우리의 죗값을 대신 치르셨고 그로 인해 우리의 모든 죄는 사함 받았습니다. 예수님 덕분에 하나님과 다시 화목하게 되는 길이 열린 것입니다. 예수님께서 우리가 하나님께 회개할 수 있는 길을 값없이 열어주셨습니다.

자녀가 지은 죄를 주님 앞에 회개하고 그 죄로부터 마음을 돌이키기를 기도합시다. 또한 우리의 자녀가 용서의 은혜를 충분히 깨닫고 누리며, 누구든지 넉넉한 마음으로 용서해 줄 수 있는 사람이 되길 기도합시다.

시험에 들게 하지 마시옵고 다만 악에서 구하시옵소서

아이들이 살면서 겪게 될 여러 시험으로부터 지켜주시기를 기도합시다. 우리를 연단하시고자 하나님께서 직접 허용하시는 시험은 물론, 나의 죄와 사단의 유혹으로부터 오는 모든 시험에서 피할 길을 내사 능히 감당케 하시는(고전 10:13) 주님의 도우심을 늘 기억합시다.

예수님의 이름으로

하나님 앞에 나아갈 수 있도록 회복과 연합의 길을 열어주신 예수님의 이름으로 기도드립니다.

엄마의 기도는 내 아이의 진정한 통치자이자 아버지 되신 주님의 뜻에 합해야 합니다. 내가 자녀의 주인이 되어 아이의 삶을 좌지우지 흔드는 것이 아니라, 하나님의 주권 아래 엎드려 그분의 뜻 위에 나의 뜻을 합하여 구해야 합니다 "내가 그 안에 그가 내 안에 거하면 무엇이든지 구하라"(요 15:7)고 하신 은혜를 누리기 위해, 우리는 날마다 그 안에 거하는 훈련을 해야 합니다.

세상 염려와 유혹이 풍랑처럼 밀려올 때가 있습니다. 아이와 함께 탄 이 배의 여정을 거룩한 방향으로 이끌고 가기 위해선, 선장이 된 부모는 배의 키를 단단히 붙잡아야 합니다. 우리의 진정한 선장 되신 예수 그리스도를 바라보며, 그분이 알려주신 삶의 방향을 좇아야 할 때가 온 것입니다. 주님이 친히 알려주신 내용으로 엄마의 마음의 방향키를 조정하고, 아이에게 가장 필요한 진정한 복을 위해 기도합시다.

하늘에 계신 전능하신 하나님,

아이들을 자녀 삼아주신 아버지 되신 주님.

저희가 거룩하신 하나님의 이름을 높이며

주님의 영광을 기뻐하고 즐거워하길 기도합니다.

아이들이 예수님의 다시 오심을 간절히 기다리며,

이 땅에서 하나님의 뜻을 잘 듣고

그 말씀을 따라 살아가며 자라기를 기도합니다.

아이들이 살아가며 필요한 것을 채워주시고,

하나님의 복을 값없이 받되 늘 자족하며,

무엇보다 우리에게 가장 필요한 하나님을

넘치도록 누리는 복이 있기를 기도합니다.

아이들이 살며 짓는 모든 죄를 용서하여 주시고,

아이들도 십자가의 은혜를 깨달아

이웃을 용서하는 넉넉한 마음을 가진 아이로

자라기를 기도합니다.

제가 있을 때나 없을 때나

주님께서 우리의 아이들을 지켜주시고,

죄에 이르는 시험에 당하지 않게 하시며,

주께서 친히 붙들어 주셔서 구원해 주시기를 기도합니다.

주님의 나라와 권능과 영광이

아버지께 있음을 입술로 찬송드리며,

아이들도 이렇게 평생 주님만을 높이며 살아가기를

예수 그리스도의 이름으로 기도합니다. 아멘.

🔖 웨스트민스터 소교리문답

99문: 하나님께서 우리의 기도에 대한 지침으로 주신 법칙은
      무엇입니까?

 답: 하나님의 모든 말씀이 우리의 기도에 대한 지침으로 사용
      됩니다. 그러나 그리스도께서 제자들에게 가르쳐주신 기
      도의 형태, 곧 일반적으로 '주기도문'이라고 부르는 기도를
      특별한 법칙으로 주셨습니다.

1. 자녀를 출산한 이후에도 기도의 자리를 지키고 있나요?

2. 자녀를 위한 기도제목은 무엇인가요?

3. 부모의 욕심으로 기도한 적이 있다면, 주로 어떤 마음이 생길 때 그렇게 구하게 되나요?

4. 주기도문의 내용을 통해 기도의 방향이 달라진 것이 있다면 무엇인가요?

5. 기도의 자리를 지키기 위해 구체적인 계획(시간, 장소, 기도노트 기록 등)을 세워보세요.

예배가 필요한 때,
자모실에서 이대로 괜찮을까요?

아이를 낳으면 엄마들은 자연스럽게 공예배와 멀어집니다. 세상을 배워가려면 아직도 많은 시간이 필요한 자녀와 함께 예배실과 분리된 자모실의 창을 통해, 혹은 영상을 통해 예배를 드립니다. 그곳에서 온전히 예배에 참여하면 좋은데 어린 자녀를 돌보아야 하고, 거기서 교회 아이들이 모여 우당탕탕 거리기라도 할 땐 정말이지 정신이 하나도 없습니다. 그러나 그 와중에도 사랑하는 자녀와 함께 예배할 수 있다는 것은 무엇과도 바꿀 수 없는 부모의 기쁨입니다. 아이와 함께 예배를 드리며 눈으로 예배를 가르쳐주는 시간, 엄마는 은혜를 누리고 자녀는 엄마의 모습을 통해 신앙을 익혀가는 이 공예배를 누구보다 기다리며 사모합니다.

이렇게 공예배 시간에 어떠한 모습으로 예배를 드리더라도 은혜를 누리기 위해서는 먼저 주일 공예배는 어떤 시간인지, 아이와 함께 예배를 드릴 때 어떤 마음으로 드려야 하는지를 잘 알아야 합니다. 예배가 무엇인지를 알면 예배가 해치워야 할 하나의 임무가 아닌, 손꼽아 기다리는 은혜의 시간이 될 수 있습니다. 예배의 진정한 의미를 알면 '어린 자녀와 함께 예배드리는 것이 너무 버겁다'라는 불편함도 거뜬히 이겨낼 수 있고, '개인 경건 생활을 열심히 하면 되지 꼭 주일예배도 드려야 되나?'와 같은 의문도 해결될 수 있습니다. 무엇보다 주일예배의 은혜를 만끽하며 그 시간을 사모하게 됩니다.

주일 공예배는 왜 드릴까요?

예수님이 오시고 부활하신 이후 우리는 언제 어디서나 예배할 수 있게 되었습니다. 먼저 하나님께서 일주일 중 하루를 안식일로 정하시고 그날을 거룩하게 지키도록 명하셨습니다. 그날은 예수님의 부활 전까지는 한 주의 마지막 날이었으나 예수님의 부활 이후에는 한 주를 시작하는 첫날로 바뀌었지요. 이 날을 주의 날, 즉 주일이라고 부릅니다. 예수님께서 다시 오실 때까지 우리는 주일에 함께 모여 하나님을 예배합니다.

주일 예배는 온 성도가 모여 하나님께 예배하는 시간으

로 천국을 미리 맛보는 시간입니다. 성도가 개인적으로 따로 말씀을 보고 기도하며 스스로 경건생활을 해 나갈 수도 있습니다. 그럼에도 함께 모여 예배드려야 하는 이유는 교회에 세우신 목사님을 통해 공적으로 선포되는 하나님의 말씀을 듣고 공적으로 모여 함께 기도드리며, 무엇보다 보이는 말씀인 성례(세례와 성찬)가 베풀어지는 은혜의 시간이기 때문입니다. 은혜를 얻는 수단은 말씀과 기도와 성례인데, 우리가 특별히 설교를 통해 선포되는 말씀을 듣고 함께 모여 기도하며, 성례에 참여할 수 있는 시간이 바로 공예배를 드릴 때입니다. "너희가 이 떡을 먹으며 이 잔을 마실 때마다 주의 죽으심을 오실 때까지 전하는 것이니라"(고전 11:26)는 신자의 정체성을 담은 이 말씀을 따라 일상을 잠시 멈추고 하나님 앞에 함께 모여 예배하는 것이 바로 공예배입니다.

특별히 공예배는 하나님께서 정해 주신 원리와 질서에 따라 드려야 합니다. 워낙 규범을 불편해하는 시대라 예배드릴 때 마음이 중요하지 형식이 중요하냐고 반문할 수도 있습니다. 하지만 형식은 마음을 담는 그릇이고, 우리의 마음을 지키는 최소한의 방어선이 되어줍니다. 예배의 방법과 순서를 교회의 편의에 맞추거나 청중이 원하는 대로 만들어서는 안 됩니다.

'설교만 잘 들으면 되지'라고 생각할 수 있지만 모든 예배 방법과 순서에는 중요한 의미가 담겨 있습니다. 찬양, 헌금,

참회기도, 축도 등 모든 순서에는 은혜에 화답하는 시간, 하나님 앞에 나아가기 위해 죄를 참회하는 시간, 하나님께서 예배를 맡기신 직분자가 성도들을 향해 행하는 기도 등과 같은 각각의 의미가 있습니다. 예배의 내용과 그 의미를 공부한다면, 담긴 의미에 맞게 더 전심으로 예배에 참여할 수 있게 될 것입니다. 교회마다 예배의 내용과 순서가 조금씩 다르니 각 교회의 질서에 맞게 행하되, 교회는 성도에게 예배의 방법과 각각의 순서에 담긴 의미를 잘 가르쳐서 그것을 배우고, 예배에 참여하는 성도들이 전 보다 더 깊이 예배드리고 더 깊은 은혜를 누릴 수 있도록 도와야 합니다.

📖 웨스트민스터 신앙고백

21장 1항: 참되신 하나님을 예배하는 합당한 방법은 하나님께서 친히 제정하셨고, 하나님께서 계시하신 뜻으로 제한하셨다. 따라서 사람이 상상하여 만들어 내거나 고안하여 만들어낸 것을 따라서나 사탄의 제안을 따라서 예배해서도, 보이는 형상을 만들어 예배하거나 성경이 규정하지 않은 다른 방법으로 예배해서도 안된다.

공예배 아이와 함께 어떻게 드리면 좋을까요?

❊ 자모실에서

주일은 주님께 거룩하게 지켜야 합니다. 우리는 그날에 합당한 마음을 준비하고 일상을 정돈한 뒤에 주일을 맞이해야 합니다. 예배시간에는 예배에 온전히 집중할 수 있도록 예배환경을 미리 준비합시다. 아이들을 돌보면서도 예배자로 유익을 누릴 수 있도록 기저귀 갈아주기, 이유식 먹이기, 화장실 다녀오기, 물 마시기와 같은 일들을 미리 해결하고 예배에 참여하는 것이 좋습니다.

자모실에서 예배를 드릴 때 아이들을 돌봐야 하는 부모로서의 의무와 함께 우리 자신이 예배자임을 먼저 기억해야 합니다. 예배의 가장 우선되는 목적은 하나님이 하신 일에 대해 듣고, 하나님께 영광을 돌림으로 감사와 찬양을 드리며 하나님과 함께 하는 것에 있습니다. 아이에게 눈을 뗄 수 없는 분주한 시기이지만 그 가운데 자신의 예배자로서의 정체성을 절대로 잊어선 안 됩니다.

남편이 사역자이기에 사역지를 옮기거나 개척 준비를 하며 쉬는 기간 동안 여러 교회의 자모실에서 예배를 드렸습니다. 대부분 자모실은 교회의 사각지대에 있어 엄마들이 예배를 드리기 힘든 환경일 때가 많았습니다. 그러나 환경보다 중요한 것이 예배자로서의 바른 마음가짐이라 생각하고 어느 곳에서든지 성실히 참여하고자 노력했습니다. 한 번은 처음 갔던 교회 자모실에서 예배를 드리는데 마치 시장에 온 것만 같았습니다. 예배시간에 사람들이 계속 왔다갔다하고, 이유식을 먹이기도 하고, 오랜만에 만난 성도들끼리 이야기하느라 예배 내용이 하나도 들리지 않았지요. 예배시간이었지만 영상만 나오고 소리는 도통 들리지 않아 예배에 집중하기가 어려웠습니다. 하지만 어느 곳에 있어도 제 자신이 하나님 앞에 예배자로 서야겠다는 마음으로 성실히 참여했습니다. 북새통 속에서도 성경봉독 시간에 홀로 소리를 내어 말씀을 따라 읽었고, 찬송을 불렀으며, 기도시간에는 마음을 다해 하나님께 기도했습니다. 몇 주간의 시간이 지나면서 한 명 두 명 함께 예배를 드리기 시작하니 자모실의 음향이 더 잘 들리도록 맞춰주셨고, 이후에는 모두가 함께 그 자리에서 예배를 드리기 시작했습니다. 그때부터 자모실은 아이를 돌보면서 예배 영상을 시청하는 공간이 아닌, 예배가 중심이 되면서도 아이를 돌볼 수 있는 귀한 공간으로 바뀌었습니다.

어떤 자리에서도 하나님의 초대에 답하는 마음을 갖고 예배자로 서야 합니다. 예배의 자리는 우리가 결심해서 나아갈 수 있는 곳이 아닙니다. 예배는 하나님의 부르심에 응답하는 것입니다. 내가 예배를 받는 것이 아니라 모든 순서에 참여함으로 하나님의 영광을 높여드리는 것이기에 소리가 잘 들리지 않고 주변이 혼잡해도 그 순간 최선을 다해 예배자로 준비되어 있어야 합니다. 그러나 현재 혼자의 노력에도 불구하고 자모실의 혼돈으로 예배의 어려움을 겪고 있다면 교역자와 함께 이야기를 나누는 것이 필요합니다. 교회는 성도의 신앙을 돕는 역할을 해야 합니다. 교회가 성도들을 도울 수 있도록 사각지대에 있는 자모실의 상황을 전해줘야 합니다. 나뿐만 아니라 나와 함께하는 이들 그리고 나의 자모실 졸업 이후 들어올 다음 교인을 위하는 마음으로 자모실에서의 예배를 세워가야 합니다.

특별히 예배시간에 목사님을 통해 듣는 설교는 우리가 평소에 개인적으로 공부하는 것과는 다릅니다. 회중에게 공적으로 선포되는 말씀이기에 평소보다 더욱 열심을 내어 들어야 합니다. 상황 상 집중하기 어려웠다면 예배 후 따로 시간을 내어 예배 영상을 다시 살펴보며 꼼꼼히 귀 기울여 듣고 마음에 새겨야 합니다.

✱ 공예배에 함께 참여

아이들이 영아기가 지나면 교회 내에 세워진 형식에 따라 모두 모여 공예배를 드리거나 혹은 영아부, 유치부 등으로 흩어져 따로 예배를 드리기도 합니다. 저희 교회는 전교인이 함께 예배합니다. 아이들이 공예배를 배우고 예배의 태도를 익혀가기 위해 가르쳤던 부분은 책의 후반부에 자세히 기록했습니다.

아이들을 포함한 온 성도들이 함께 예배하는 교회를 위해 전하고 싶은 이야기가 있습니다. 부모가 분리되지 않고 공예배에 참여하기 위해서는 교회의 이해와 노력이 필요하다는 것입니다. 어린 자녀들의 울음소리나 떼쓰는 소리를 듣더라도 눈치를 주지 않고, 같은 부모의 마음으로 이해해 주는 것이 필요합니다. 그렇게 어렵게 예배드리는 부모를 격려해 주고 배려해 주면 한 가정이 신앙생활을 유지하는데 큰 힘이 됩니다.

남편이 부교역자로 있을 때 예배에 조금이라도 더 참여하고 싶어 아이의 그리기 도구나 읽을 책들을 잔뜩 챙겨 예배에 참여했지만, 정작 말씀이 시작되면 아이는 항상 고요한 예배의 정적을 깨고 큰소리를 내곤 했습니다. 그때마다 죄인처럼 아이를 안고 밖으로 황급히 뛰어나갔지요. 저의 그런 모습을 보신 담임목사님께서 '아이가 좀 울어도 괜찮으니 그냥 같이 예배드리셔도 된다'고 하셨던 얘기가 예배의 자리로 나오는 데 큰 용기와 힘이 되었습니다. 필요한 경우 자모실을 사용하지만 부득이한 경우 혹은 몇몇 사정으로 인해 자녀와 함께 예배드리는 가정이 있다면 이들을 너그럽게 바라봐주시길 부탁드립니다.

✼ 어린이 예배

어린이 예배 또한 엄연한 예배입니다. 이 시간에 자녀들은 말씀과 신앙을 배우며 신자로 성장해 갑니다. 하지만 예배의 주된 목적은 교육이 아닙니다. 예배의 가장 우선되는 목적은 하나님이 하신 일에 대해 듣고, 감사와 찬양을 드리며 하나님께 영광을 돌림으로 그분과 함께 함에 있습니다. 따라서 어린이 예배 시간에도 내가 아이를 돌보기 위해서 참여한다고만 생각하지 말고, 어린이가 이해할 수 있는 예배에 나도 예배자로 참여한다는 마음으로 함께 해야 합니다. 자녀의 보호자로서의 역할도 있지만 그것이 주된 역할은 아닙니다.

따라서 영아부, 유치부 예배를 드릴 때에도 아이들의 찬양을 동요 정도로 여기지 말고 하나님께 드리는 찬양이라고 생각하고 열심히 참여해야 합니다. 또한 그 시간을 아이들의 발표회로 여기고 그저 아이들의 찬양과 율동하는 모습만 관람하는 것이 아니라, 예배자로 모든 순서에 성실히 참여해야 합니다. 저는 말씀을 들을 때 자녀가 말씀을 잘 이해할 수 있도록 귓속말로 어려운 단어의 뜻이나, 말씀 속 배경을 전해 주는 등 부모로서 아이의 예배를 돕고자 최선을 다했습니다. 동시에 저 역시 그 자리에서 동일하게 말씀을 듣고 은혜를 누리며 삶으로 적용해야 하는 한 사람의 예배자임을 잊지 않으려고 노력했습니다. 특히나 아이들이 예배시간에 듣는 말씀을 잊지 않고 삶으로 적용할 수 있도록 함께 말씀을 듣고, 일상에서도 늘 반복적으로 이야기해 주었습니다. 기도의 시간도 마찬가지입니다. 아이들 예배라고 해서 부끄러워하거나 대충 하지 않고, 아이들과 함께 전심으로 기도해야 합니다.

아직 어려서 예배 태도를 익히지 못한 아이들이 종종 예배시간을 놀이 시간으로 여기기도 합니다. 가끔 장난이 많은 친구들이 예배시간에 말씀으로 장난을 치며 하나님의 이름을 경홀히 여기거나, 말씀을 적용하기 위해 질문하고 대답할 때 '똥이요, 방귀요'라며 장난으로 대답하는 경우가 있습니다. 몰라서 틀리는 것은 괜찮지만, 알면서도 예배를 장난으로 여긴다면 엄중히 대처해야 합니다. 예배를 우습게 여기지 않도록 알려주어야 합니다. 저의 경우, 그럴 때는 가볍게 넘어가지 않고, 예배는 하나님께 드리는 것이니 장난치면 안 된다고 단호하게 알려주었습니다.

저희 교회는 아이들에게 예배 태도를 알려주기 위해 어른들이 먼저 모두가 예배자로 참여합니다. 아이들이 어렸을 때부터 예배의 유익을 누릴 수 있도록 교회에서 지혜를 모아 둡니다. 그렇다고 자녀들의 잘못된 예배 태도 앞에서 무조건 혼을 내며 엄격히 고쳐가야겠다는 생각만 해서도 안 됩니다. 앞서 복음 챕터의 이야기처럼 모든 신앙의 모습은 믿음의 열매로 맺어지는 것이기에, 자녀들에게 부지런히 하나님

을 알려주고 그들의 믿음이 견고해지기를 기도하며 솔선수범하는 것이 우선 되어야 합니다.

아이를 낳으면 물리적으로 예배와 조금은 멀어집니다. 하지만 자녀가 있기에 더 신앙에 열심을 내야 합니다. 기존에 누리던 예배의 유익함에 부모로서의 책임 또한 더해지기 때문입니다. 부모가 먼저 예배를 누리고, 아이에게 삶으로 예배를 전해 줄 수 있어야 합니다. 엄마와 아이 모두 어디에서 어떤 모습으로 있더라도 늘 하나님의 부르심에 합당한 예배자로 하나님의 영광을 위해 살아가야 합니다.

📕 하이델베르크 교리문답

103문: 하나님께서 제4계명에서 요구하시는 것은 무엇입니까?

답: 첫째, 하나님께서는 복음 사역과 복음 사역을 위한 교육이 유지되고, 특히 안식의 날인 주일에 제가 부지런히 하나님의 교회에 나아가 하나님 말씀을 듣고, 성례에 참여하며, 주님께 공적으로 기도하고, 가난한 사람들을 구제하기를 명령하십니다. 둘째, 평생 악한 일들을 멈추고, 주님께서 당신의 성령으로 제 안에서 일하시도록 하여 이 세상에서부터 영원한 안식을 누리라고 명령하십니다.

🔖 웨스트민스터 신앙고백

21장 6항: 지금과 같은 복음 시대 아래서는 기도를 비롯해 예배의 다른 부분들이 어디에서 행해지고, 어디를 향해 행해지는가에 매여 있지 않으며, 하나님께 더 잘 받아들여지는 것도 아니다. 하나님께서는 모든 곳에서 영과 진리로 예배 받으셔야 한다. 따라서 매일 각 가정에서, 은밀히 홀로 예배해야 하고, 하나님께서 말씀과 섭리로 공적 예배모임을 명하시는 때에는 공적 예배모임을 경솔하게나 고의로 소홀히 해서도, 저버려서도 안 되며, 더욱 엄숙하게 예배해야 한다.

21장 7항: 일반적으로 하나님을 예배하기 위해 적절한 정도의 시간을 따로 구별하는 것이 자연의 법칙이다. 이와 마찬가지로 하나님께서는 당신의 말씀 안에서 명확하고 도덕적이고 항구적인 계명으로 칠일 중 하루를 안식일로 특별히 지정하셔서 하나님께 거룩하게 지키게 하셨다. 안식일은 태초부터 그리스도의 부활 때까지는 일주일의 마지막 날이었지만, 그리스도의 부활부터는 일주일의 첫째 날로 바뀌었다. 성경에서는 이날을 주의 날(주일)이라고 일컫는데, 주일은 세상 끝날까지 기독교의 안식일로 계속 지켜져야 한다.

1. 자녀 출산 이전과 이후 예배의 모습과 태도가 달라진 점이 있다면 무엇인가요?

2. 책에서 나온, 성도들이 함께 모여 주일 공예배를 드리는 이유가 무엇인가요?

3. 자모실에서 예배를 드릴 때 내가 다짐해야 할 것이 있다면, 어떤 것인가요?

4. 어린 자녀를 둔 부모가 예배에 참여하기 위해서 교회의 사랑과 이해가 필요합니다. 우리 교회와 나는 어린 자녀를 둔 부모를 사랑으로 돕고 있나요?

5. 예배의 본이 되기 위해 다짐해야 할 것은 무엇인가요?

*자녀양육, 더 깊은 은혜의 자리로

교제가 필요한 때,
불편한 교회모임 꼭 참여해야 하나요?

아이를 키우는 것도 벅찬데, 교회모임까지 꼭 참석해야 할까요? 청년 때 즐겁기만 했던 교회 생활은 가정이 생기고 자녀를 키우다 보니 조금씩 불편해집니다. 직업과 살아온 환경, 생활 형편 등 모든 것이 나와는 다른 교회 사람들과 교제하는 것이 결코 만만치 않습니다. 게다가 자식 키우는 엄마들이 만나면 자녀에 대한 이야기가 중요한 주제가 되는데, 그 와중에 서로 비교하고 질투하며 결국 서로 상처를 주고받기도 합니다. 결국 마음이 힘들어지고 사람들과 멀어지게 되지요. 그래서 요즘은 엄마들 모임에 가지 않고 오히려 소신 발언하는 사람들에게 공감과 위로를 얻습니다.

게다가 코로나를 지나며 우리는 선택적 대면 시대를 맞이했습니다. 온라인으로 많은 일을 처리하고 온라인을 통해 다양하고도 얕은 관계를 맺습니다. 이전에는 부모와 선생님, 선배와 상사를 통해 배워야 했기에 공동체 안의 관계가 유지되었지만 지금은 휴대폰 안에 지식이 넘쳐나기에 굳이 사람과 불편하게 관계를 맺을 필요가 없게 되었지요. 사람들이 모인 교회가 싫어서 홀로 신앙생활 하는 사람들도 생기고 있습니다. '나 스스로의 신앙만 잘 돌보면 되지'라는 생각으로 불편한 교회 공동체 생활을 기피합니다.

우리가 함께하기 힘든 이유

왜 사람들은 함께하는 것을 힘들어할까요? 본디 사람은 하나님의 형상을 닮아 삼위 하나님께서 서로 사랑하시고 연합하시는 것과 같이 서로 사랑하며 연합하도록 지음 받았습니다. 그러나 우리의 죄로 인해 이 모든 연합이 깨지게 되었습니다. 이후 사람들은 하나님을 멀리하게 되었고 사람들 간에도 서로 갈등하고 미워하는 관계가 형성되었습니다. 이웃사랑보다 자기사랑이 커지고 이해보다는 이기심만 가득 차게 되었지요. 생각이 다른 여러 사람들이 함께 지내기 위해선 서로 부대끼며 겪어야 할 각자의 희생과 자기부인의 몫이 있습니다만, 그러한 것을 감내하기가 불편하기에 자연스럽게 모임 참석을 기피합니다. 서로를 찌르는 날카로운 말을 던지거나 별 뜻 없이 한 말에 스스로 시험에 빠지기도 합니다. 특히나 자녀가 있는 부모들은 자녀에 대한 이야기를 나눌 때, 다른 자녀들과 비교가 되거나 내가 해주지 못한 부분들도 비교가 되어 질투와 자괴감에 빠지기도 합니다. 이러한 갈등 앞에 기독교인은 교회에 명령하신 사랑과 연합에는 귀를 막아버립니다. 요새는 MBTI와 같은 성격검사를 통해 발견되는 기질을 핑계 삼아 그 뒤로 숨어버리기도 합니다.

그러나 신자는 교회 공동체와 결코 분리될 수 없습니다. 한 사람이 예수님을 믿으면 그리스도와 연합하게 됩니다. 마찬가지로 교회 공동체 모두 각각 예수 그리스도와 연합했기에 우리는 모두 그리스도 안에서 한 몸이 되는 것입니다. 교회 안에서 예수 그리스도를 통해 한 몸을 이루는 것은 우리의 선택이 아닌, 주님의 부르심입니다. 성경은 성도들을 향해 성령으로 연합하라 말씀하십니다.

"성령으로 연합하여 사이좋게 지내도록 노력하십시오. 몸도 하나이며 성령님도 한 분이십니다. 이와 같이 여러분도 한 희망 가운데서 부르심을 받았습니다"(엡 4:3-4, 현대인의 성경)

'성령으로 한 몸이 돼라'고 말씀하신 것입니다. 그런데 이 성도의 연합은 친목 행사나 사적인 만남을 통해 그저 이야기를 나누고 친하게 지내는 차원과는 다릅니다. 물론 여러 다양한 친목 행사도 필요합니다. 하지만 교회 안에는 세상과는 다른 차원의 더 큰 유익을 누리는 연합을 위한 교제가 있습니다. 나와 나이도 다르고, 살아온 환경도 다르고, 관심사도 달라 도저히 가까워질 수 없을 것 같은 사람과 한 몸으로 연합하는 교제란 과연 무엇일까요? 진정한 성도의 교제를 알아야 모일수록 분열하지 않고 연합하는 그리스도의 한 몸 된 공동체를 이루어 갈 수 있습니다.

성도의 교제는 이것입니다

교제한다는 것은 서로 나누는 것을 의미합니다. 그럼 교회에서는 서로 무엇을 나눠야 할까요? 성도의 첫 번째 교제는 하나님을 아는 지식을 나누는 것입니다. 성도의 주된 대화는 하나님에 대한 이야기여야 합니다. 이는 그분이 어떤 분이신지, 어떤 일을 행하셨는지, 내 삶에서 누린 은혜는 무엇인지를 나누는 것입니다. 하나님을 중심으로 이야기할 때 우리는 서로의 이야기를 통해 더 큰 은혜를 누리고 같은 하나님을 바라보며 한 몸으로 연합하게 됩니다. 같은 소망으로 부르심을 받았다는 말씀(엡 4:3-4)을 꼭 기억해야 합니다. 개인마다 가진 이 땅에서의 목표를 나누고 서로 응원해 주는 것도 중요하지만, 궁극적으로 함께 나눠야 할 인생의 목적은 우리의 산 소망이신 예수 그리스도이십니다.

부모들이 교회 안에서 자녀의 건강과 교육, 먹고 입히는 문제와 같은 일상적인 이야기를 나눌 수 있습니다. 얼마든지 나눌 수 있고 이를 통해 서로를 좀 더 알아가고 서로의 필요를 채워줄 수도 있을 것입니다. 하지만 이러한 이야기는 각자의 성향과 처한 환경이 다르고 서로 추구하는 바가 다를 수 있기에 때로는 분열과 다툼의 원인이 되기도 합니다. 반면에 자녀를 하나님의 백성답게 키우는 일은 공동체 모두 같은 푯대를 바라보고 가는 일이기에 우리를 더 연합하게 합니다. 따라서 성도 간의 진정한 연합을 이루기 위해서는 하나님과 그의 백성답게 살기 위한 신앙이야기를 충분히 나눠야 합니다. 개인적인 이야기를 나누는 것도 중요하지만, 이것이 주가 되면 서로 생각이 다를 때 온전히 연합하기 어렵습니다.

그런데 사람이 모이면 신앙이야기보다는 자연스럽게 세상 이야기에 더 함몰되곤 합니다. 특히 엄마들이 모이면 자식 걱정과 당장에 눈앞에 있는 교육이야기, 혹은 내 아이의 발달과 다양한 경험을 위해 더 좋은 것을 해주고 싶은 마음으로 세상 사는 이야기에 더 빠져들게 됩니다. 더구나 세상 돌아가는 이야기는 왜 그리 흥미롭고 재미있을까요! 드라마이야기, 연예인이야기, 어떤 제품이 좋다, 어떤 영양제가 좋다 등의 이야기는 시간 가는 줄 모르고 나눠도 끝이 없습니다. 거듭 말씀드리지만 세상 사는 이야기가 나쁘다는 것이 아닙니다. 교회 안에서 성도가 서로 온전히 연합하기 위해서는 다양한 교제 가운데 무엇보다도 신앙이야기가 중심이 되어야 함을 강조하고 싶습니다.

그래서 교회는 성도의 교제를 돕고, 성도는 그런 교회 안에서 교제하는 것이 유익합니다. 저희 교회 안에는 예배 후 '예배 나눔 모임'과 남편을 영적 가장으로 세우기 위한 '아버지 모임', 그리고 하나님의 성품으로 자녀를 기르기 위한 '엄마 모임'이 있습니다. 교회는 상황과 지혜에 따라 성도의 교제를 돕는 장을 만들고, 성도들은 그 안에서 건강하게 교제하는 가운데 하나님을 아는 지식을 나누고, 하나님을 통해 누린 은혜를 나눠야 합니다. 결국 교회는 이렇게 서로를 통해 더욱 풍성한 은혜를 누리게 됩니다.

성도의 두 번째 교제는 하나님의 은혜, 즉 그분으로부터 받은 은사와 사랑을 나누는 것입니다. 하나님이 우리에게 은사와 직분을 주신 것은 그리스도의 몸 된 교회를 자라게 하시기 위함입니다(엡 4:7-12). 각자 받은 은사에 따라 맡은 바 자리에서 서로를 섬기며 교회를 세워가야 합니다. 특별히 성도의 교제에는 물질적인 나눔이 포함되는 것임을 기억해야 합니다. 도움이 필요한 자들에게 기꺼이 재정적 도움을 나누고 서로의 필요를 채워주는 것이 중요합니다.

몸의 일부분만 병에 걸려도 온몸이 아픈 것처럼, 공동체 내의 한 개인이 영적으로 병들면 교회 전체가 병들어 갑니다. 나의 신앙은 물론 교회 공동체가 건강하게 자라도록 교회의 지체들을 돌보고 연약한 지체를 긍휼히 여기며 서로의 약점을 짊어져야 합니다. 반대로 우리 역시 교회의 유익을 누리고 있음을 잊어서는 안 됩니다. 나의 부족한 부분을 오늘도 교회에서 누군가가 채워주고, 내가 영적인 유익을 누리도록 누군가가 나를 섬기고 있음을 기억해야 합니다. 내가 누군가의 모습으로 불편함을 감수하고 있다면, 어느 누군가도 나를 위해 긍휼한 마음으로 기다려주고 있음을 꼭 기억합시다. 우리는 교회 공동체를 참으로 소중히 여겨야 합니다.

성도의 교통, 믿음의 고백

그런데 이렇게 한 몸을 이루기 위해 애쓰고 노력해도 교회 안에는 항상 문제가 존재합니다. 문제없는 교회는 없습니다. 우리 모두 아직 하나님의 자녀답게 성장해 가는 과정 가운데 있기 때문입니다. 이런 사람들이 모인 곳이 교회입니다. 비록 지금은 미완성된 모습으로 불협화음이 생기기도 하지만 결국에는 하나님의 공동체답게 세워질 것입니다. 예수님께서 다시 오실 때에 비로소 우리 교회 공동체는 완전해질 것입니다. 그때는 다툼과 갈등 없이 오직 선하고 아름다운 평화와 연합만이 존재할 것입니다.

그래서 우리는 교회 안에 생기는 문제를 자연스럽게 여겨야 합니다. 세상과 교회의 차이는 문제의 발생 여부에 있는 것이 아니라, 갈등을 어떻게 교회답게 해결해 가는지에 있습니다. 그래서 우리는 세상이 도저히 이해할 수 없는 방법으로 문제를 해결해 갑니다. 교회는 용서와 사랑으로 모든 것을 바라며, 모든 것을 견디며, 오래 참음으로 해결합니다. 말도 많고 탈도 많던 고린도 교회에게 문제를 해결하기 위해서 바울이 이야기한 것은 오직 사랑이었습니다. 이것은 세상의 약육강식과 이해타산의 원리로는 이해할 수 없습니다. 그리스도를 따라 서로 긍휼히 여기며 용서하는 가운데 하나로 연합하는 방식이기 때문입니다.

"여러분은 모든 악독과 걱정과 분노와 말다툼과 비방과 모든 악의를 버리고 서로 친절하게 대하고 불쌍히 여기며 하나님이 그리스도 안에서 여러분을 용서하신 것같이 서로 용서하십시

오"(엡 4:31-32, 현대인의 성경)

교회가 온전히 하나 되기란 참으로 어렵습니다. 나와는 생각과 살아온 방식이 다른 이웃을 사랑으로 섬기는 것, 이것은 이기적인 사람의 힘으로는 할 수 없습니다. 우리의 의지가 필요하지만 의지만으로 할 수 있는 것도 아닙니다. 오직 성령의 은혜로만 가능합니다. 은혜 아래 연합할 수 있기에 우리는 성도가 서로 교통하는 것을 믿음으로 고백하는 것입니다. 성도의 교통은 우리의 믿음입니다.

은혜 아래 연합하는 성도 간의 교제가 이토록 귀하고 유익함에도 출산 후 교회와 멀어진 부모들이 많습니다. 육아로 지쳐 고단한 삶 가운데, 어린아이를 데리고 공동체 생활을 하려면 감수해야 할 것들이 참 많습니다. 기저귀, 젖병, 물티슈, 여벌 옷을 가득 담은 짐 보따리를 챙겨야 하고 수유텀, 이유식 시간을 맞추지 못해 아기가 자지러지게 울까 봐 늘 전전긍긍해야 합니다. 예배시간에 아기가 응가라도 하면 괜히 주변 사람들에게 미안해지고, 그래서 서둘러 닦이고 치우다 보면 예배를 드리는 건지 아닌지 이게 뭐 하는 건가 싶은 생각에 서러워지기도 합니다.

저는 남편이 목회자이기에 오롯이 이 모든 과정을 혼자 해 왔습니다. 갓난아기인 둘째를 아기띠에 매고, 한 손에는 4살

배기 딸아이의 손을 잡고, 한 손에는 꽉 찬 짐 보따리를 든 채 예배시간에 늦지 않으려 늘 헐레벌떡 뛰어갔었습니다. 그때 제게 성도의 교제를 통해 영육 간의 부족함을 채워주었던 분들이 바로 교회 식구들이었습니다.

항상 문 앞에서 짐을 들어주시고 반겨주시던 유치부 선생님들, 갓난아기를 돌보느라 예배시간에 집중하지 못하는 부모들을 위해 옆에서 함께 돌봐주시던 권사님들, 그리고 내 뜻대로 되지 않는 육아로 지친 마음을 말씀으로 채워주신 목사님과 예배 후 한 주간의 은혜와 도란도란 사는 이야기를 함께 나누었던 집사님들 덕분에 저는 하나님을 누릴 수 있었습니다. 각자의 은사대로 교회를 세워 가시는 분들과의 아름다운 교제를 통해, 저는 늘 큰 유익을 누렸습니다.

모든 성도는 예수 그리스도와 연합하여 교회를 세워가야 합니다. 교회는 적극적으로 하나님을 아는 지식과 은혜를 나누고, 같은 소망을 바라보며 함께 떡을 떼고 교제를 나누는 곳입니다. 함께 배우고 때로는 함께 죄와 싸워나가는 한 몸 공동체입니다. 예수님이 다시 오실 때까지 이 길을 함께 가는 교회 공동체는, 하나님 안에서 한 형제요 자매인 영적 가족입니다.

외향적인 사람도, 내향적인 사람도 괜찮습니다. 그 모습 그대로 교회 안에서 하나 될 수 있습니다. 우리는 하나님의 은혜로 인해 새사람이 되었기 때문입니다. 내게 조금 불편한 것들, 힘들지만 감수해야 하는 것들을 은혜로 넉넉히 이겨낼 수 있습니다. 우리 모두 성도의 교제에 참여하여 더 큰 은혜의 자리로 나아갑시다.

> "옛날의 생활 방식, 곧 거짓된 욕망으로 부패해 가는 옛사람을 벗어 버리고 마음과 정신이 새롭게 되어 하나님의 모습대로 의와 진리의 거룩함으로 창조된 새사람이 되십시오. 그러므로 여러분은 거짓을 버리고 각자 자기 이웃에게 진실을 말하십시오. 우리는 모두 한 몸의 지체들입니다"(엡 4:22-25, 현대인의 성경)

엄마가 되어도 우리의 거룩한 교제를 멈추지 맙시다. 엄마가 되었기에 짐은 더 무거워졌지만 그럴수록 더욱더 간절히 성도의 교제를 사모합시다. 교회 공동체는 함께 그리스도의 몸과 피를 나누는 한 몸이 된 지체들이자, 나와 같은 방향을 바라보고 이 땅에서 나그네로 살아가는 한 가족입니다. 각자가 만난 그리스도가 결국 우리 모두의 그리스도이시며, 각자의 은혜가 결국 우리 모두의 은혜임을 나누는 곳이 바로 교회입니다. 이러한 나눔이 날이 갈수록 풍성해지는 그리스도의 몸 된 교회를 이루어 갑시다.

1. 우리는 하나님의 형상 중 어떠한 부분을 닮아 교회 안에서 교제하며 지내게 되는 것인가요?

2. 책에서 말하는, 교회가 한 몸 공동체인 이유는 무엇인가요?

3. 교회 공동체를 세워가기 위해 내가 나누고 있는 것은 무엇인가요?

4. 교회 안에서 문제가 생겼을 때 어떻게 해결하나요?

5. 우리 교회는 하나님 안에서 진정한 교제가 이루어지고 있나요? 그렇지 못하다면 내가 노력해야 할 부분은 무엇인가요?

신앙교육, 은혜의 방편으로 전한 이야기

Part 2

들어가는 말 3

부모가 자녀에게 신앙교육을 시작하기 전에 준비해야 할 것들이 있습니다. 여기에서는 현장에서 신앙교육을 하며 깨달았던 것, 그리고 지속하기 위해 준비했던 여러 내용들과 지혜를 나누고자 합니다.

부모의 신앙을 먼저 준비합니다

모든 교육은 교육열로부터 시작됩니다. 신앙교육도 부모의 열의가 있어야 연구하고 알아보며 지속할 수 있습니다. 부모의 믿음이 약해지면 가장 먼저 손을 놓는 것이 신앙교육이기도 합니다. 엄마 표 영어, 엄마 표 미술, 엄마 표 한글과 같은 가정 내의 놀이를 통한 교육이 넘쳐납니다. 창의력, 연산, 문해력, 악기, 운동 등의 학습을 비롯해 종류별 사교육도 무척이나 다양합니다. 이러한 교육환경 속에서 시간을 구별해 말씀을 가르치고 함께 기도하며 교회와 가정에서의 예배를 지켜가기 위해서는, 흔들리지 않는 부모의 굳은 심지가 필요합니다.

대한민국이 유례없는 저출산 문제로 위기라고 하지만 키즈 산업은 해마다 커지고 있습니다. 이 시장은 부모의 죄책감과 불안을 자극합니다. 회사에 몸담으며 판매의 시작이 고객의 문제를 해결하는 것이라 배웠습니다. 그런데 언젠가부터 시장은 고객의 문제를 찾는 것을 넘어 때로는 더 많은 판매를 위해 인지하지 못했던 문제도 일부러 만들어 문제로 인식시킵니다. '이것만 있으면 우리 아이가 더 많이 배울 수 있을 것 같은데, 저것만 먹으면 더 키가 커질 텐데, 그곳을 체험하면 더 많은 경험을 쌓을 수 있을 텐데…'라며 부모를 끊임없이 자극합니다.

이럴 때일수록 우리 아이에게 꼭 필요한 것은 무엇인지 마음의 우선순위를 잘 지켜야 합니다. 앞선 소명 챕터에서 다뤘던 부분을 마음에 새겨야 합니다. 잠시 머무는 이 땅에서의 소명도 잘 완수하기 위해선, 상황에 따라 엄마 표 교육은 물론 사교육의 도움을 통해 필요한 것을 부지런히 가르치고 공급해야 합니다.

하지만 말씀을 가르치는 시간조차 없을 정도로 우선순위가 흔들리고 있다면 우리의 마음을 다시 점검해 보아야 합니다. 가정의 재정이 흔들릴 정도로 무리를 하고 있다면 우리의 마음이 자족하고 있는지를 살펴보아야 합니다. 반대로 다른 교육을 하느라 신앙교육을 못하는 것이 아니라면, 부모가 자녀교육이 아닌 무엇에 마음을 빼앗겼는지 돌아봐야 합니다. 그것이 어쩌면 의미 없이 스크롤하며 하루 종일 시간을 보내는 핸드폰이 될 수도 있고, 하나님이 아닌 세상으로부터 오는 즐거움일 수도 있고 아니면 나의 신앙 없음일 수도 있습니다.

만약 부모가 하나님의 말씀에 가장 갈급한 사람이라면 그 부모는 자연스럽게 자녀에게도 말씀을 전하게 될 것입니다. 자녀에게 가장 좋은 것, 가장 중요한 것을 주고 싶은 것이 부모의 마음이기 때문입니다. 신앙교육은 부모의 신앙으로부터 시작됩니다. 부모가 하나님을 먼저 누려야 합니다. 하나님을 영원토록 즐거워함이 인생의 목적이자, 신앙교육의 첫 단추임을 기억해야 합니다.

교육방법은 지혜의 영역입니다

지금부터 여러분과 나눌 이야기는 진리의 영역이 아닌, 지혜의 영역입니다. 반드시 가르쳐야 함은 성경에 나와 있기에 진리이지만(신 6:7), 어떻게 가르쳐야 하는지에 대해 하나님께서는 이를 사람의 지혜에 맡겨주셨습니다. 시대에 따라 각자의 상황에 맞게 최선의 방법으로 전하면 됩니다. 저희 가정이 했던 모든 것을 100% 따라 하느라 고단해하지 않아도 됩니다. 반대로 저희 가정이 놓친 부분에 있다면 너그럽게 봐주시기를 부탁드립니다. 이 내용들을 참고하시되 가정마다 상황에 맞추어 취사선택하시길 바랍니다.

이 책, 특별히 2장은 교회에서 가정을 돕기 위한 실전서로 사용되기를 바랍니다. 신앙교육의 주체는 부모이지만, 부모를 돕는 것은 교회가 되어야 합니다. 제가 해왔던 교육과정을 참고하시되, '이렇게도 할 수 있는 거였구나'라고 생각하며 봐주시면 좋겠습니다. 이 책에 담긴 제안과 자료들이 신앙교육을 위해 애쓰시는 모든 부모님들에게 도움이 되기를 바랍니다.

완벽보다 지속할 수 있는 신앙교육

신앙교육은 완성도보다는 꾸준함이 더 중요합니다. 아이를 자라게 하시는 분이 바로 하나님이시기 때문입니다. 부모의 가르침이 조금 부족해도 괜찮습니다. 완벽한 방법을 찾느라 주저하지 말고, 무엇이든 바로 시작해 보시기를 권면합니다. 여기 2장에 어렵지 않게 바로 시작할 수 있는 신앙교육에 관한 이야기들을 담았습니다. 완벽한 내일을 위해 미뤄두는 것보다 미흡한 통로를 통해서도 주시는 오늘의 은혜가 더 소중합니다. 은혜로 깨달음을 주실 때 미루지 말고 바로 적용해 보시기를 바랍니다.

그리고 때때로 찾아오는 실패 앞에서도 지속해야 합니다. 우리는 신앙교육을 열심히 잘 유지하다가도 바쁘다고 점점 미루거나 시험과 유혹 앞에 와르르 무너져 한 동안 잊고 살아가기도 합니다. 그렇게 멈춰있으면 안 됩니다. 완벽보다 지속이 중요합니다. 저희 가정이 가정예배를 드리고, 제가 다른 가정의 가정예배를 도우며 가장 많이 드리는 말씀이 바로 이것입니다. 한두 번 실패하면 제대로 하고 싶은 마음에 포기하거나 나중에 다시 처음부터 시작해야지 라며 미루게 됩니다. 하나님은 오늘 지금 여기에서 우리 아이들을 만나길 원하십니다. 완벽하게 하려는 부담감을 내려놓고 매일매일 자녀에게 하나님을 누리는 가장 큰 복을 전해 주어야 합니다. 완벽하게 해내려는 나의 성취감을 누리는 시간이 아닌, 부족해도 매일 만나는 하나님의 은혜를 누리는 시간이 되어야 합니다.

오직 은혜, 자라게 하시는 하나님

신앙교육의 주체는 부모이지만, 자녀를 진정으로 자라게 하시는 분은 오직 하나님이십니다. 우리가 모든 것을 완벽히 가르쳤다고 해도 우리 아이가 구원에 이를 것을 보장할 수 없습니다. 안타깝게도 그렇습니다. 우리는, 자녀는 물론 스스로의 신앙조차 책임질 수 없는 사람들입니다.

하나님의 은혜가 없었다면 우리의 믿음도 없었을 것입니다. 자녀의 신앙도 마찬가지입니다. 우리는 오직 주님의 은혜로만 살아갈 수 있고 구원에 이를 수 있기 때문입니다.

나와 내 아이의 구원은 우리의 공로로 이루어 가는 것이 아닙니다. 하나님의 전적인 은혜가 필요합니다. 그래서 내 아이의 신앙을 바라보며 우쭐해서도 안 되고, 다른 자녀의 모습을 바라보며 그의 부모를 손가락질해서도 안 됩니다. 무엇보다 신앙교육이 단지 결과를 내기 위한 교육이 되어서는 안 됩니다. 모든 과정이 하나님께 영광이 되어야 합니다. 하나님의 말씀을 배우고, 그분께 기도드리고, 예배하는 모든 시간을 통해 하나님의 영광을 바라보시길 바랍니다. 신앙교육의 목표 또한 하나님의 영광이 되어야 합니다. 우리의 아이들을 자라게 하시는 분은 오직 주님이십니다. 겸손히 주님의 도우심을 구합니다.

자녀양육, 더 깊은 은혜의 자리로

말씀,
엄마가 전해 주는 하나님나라 이야기

세상의 모든 지식은 인간이 탐구해서 알아갈 수 있지만, 하나님은 인간 스스로 온전히 알 수 없습니다. 하나님께서 드러내 보여주신 특별한 계시, 즉 성경을 통해서만 알 수 있습니다. 그래서 아이들에게 하나님을 잘 알려주기 위해 반드시 해야 하는 것이 바로 성경을 읽어주는 일입니다. 인쇄 기술이 발달하기 전에는 양피지에 필사해서 성경을 만들었는데, 성경 한 권을 만들기 위해선 200여 마리의 양이 필요했다고 합니다. 그만큼 개인이 성경을 소장하기란 거의 불가능했습니다. 하지만 지금은 성경을 쉽게 소장할 수 있고, 휴대폰을 통해서 언제 어디서나 말씀을 가까이할 수 있는 시대입니다. 자녀에게 하나님에 대한 이야기를 들려줄 수 있는 특권의 시대임을 기억하며, 이 말씀의 복을 부지런히 누려야 합니다.

또한 교육이 발달함에 따라 자녀들을 돕는 학습도구들도 같이 발달했습니다. 한글을 배우는 것만 봐도 다양한 영상 콘텐츠를 비롯해 인테리어까지 생각한 예쁜 한글 포스터, 연령별 따라 쓰기, 한글 블록과 자석, 사운드북 등 배울 수 있는 도구들이 실로 다양해졌습니다. 덕분에 하나님의 말씀을 가르치는 도구들도 함께 발달했습니다. 두꺼운 66권의 성경을 어린아이들도 읽기 쉽게 만든 그림책은 물론, 어린이 교리책, 기도책, 말씀암송 사운드북 등 아이들도 얼마든지 즐겁게 말씀을 배울 수 있는 복된 시대에 살고 있습니다.

그에 비해 지금의 부모세대는 가정에서 특별한 신앙교육 없이 자라온 분들이 많습니다. 지금은 말씀을 가르치고 배우기 더할 나위 없이 좋은 시대이고 부모들 역시 말씀을 가르치고 싶은 마음이 큽니다. 하지만 어린 시절, 가정에서 신앙교육을 받아온 바가 없기에 무엇을 어떻게 시작해야 할지 모르는 부모님들이 많습니다. 그래서 같은 시대를 살아가는 신앙의 동지로서, 함께 다음 세대를 키우는 동역자로서 제가 아이들에게 전했던 이야기를 바탕으로 무엇을, 어떻게 전해주면 좋을지를 나눠보고자 합니다.

첫 번째, 무엇을 읽어줄까요?

☀ 어린이 성경책

어린 자녀의 신앙을 위해서 꼭 읽어야 하는 것이 어린이성경입니다. 전집과 인물이나 시리즈 성경동화도 많지만, 가장 우선순위로 읽어야 할 것 한 가지를 꼽자면 성경을 관통하는 '하나'의 큰 주제를 중심으로 구성된 '한 권'의 어린이 성경입니다. 그 이유는 성경이 창세기부터 계시록까지 연결된 하나의 이야기라는 것을 알려주어야 하기 때문입니다. 이렇게 구성된 한 권의 어린이성경은 창조와 타락, 예수 그리스도의 십자가와 부활 그리고 다시 오실 예수님까지 성경의 주요 흐름을 자연스럽게 익히기에 좋고, 성경 전체를 골고루 읽게 하는 유익이 있습니다.

일하는 엄마라서 하루 내내 틈틈이 읽어주지는 못했지만 매일 밤 거르지 않고 잠자리에서 성경을 읽어주었습니다. 아이들은 대부분 책 읽기를 좋아하기 때문에 부모님만 미루지 않는다면 꾸준히 유지할 수 있는 것이 성경읽기입니다. 연령에 따라 하루에 1-2챕터씩 읽고, 읽었던 그 말씀을 따라 기도했습니다. 그러다 보니 아이들과 매일 말씀을 보고 기도하는 것이 습관이 되었습니다. 영유아 시기부터 저희 아이들과 매일 말씀을 읽고, 기도로 하루를 마무리하는 시간을 가질 수 있어 감사했습니다.

성경 읽는 즐거움을 알려주기 위해 가정에서 성경 한 권을 다 읽으면 성경통독파티를 했습니다. 어른들도 성경읽기표에 체크하고 교회에 제출하면 교회 내에서 격려의 박수와 작은 선물을 받기도 합니다. 아이들에게도 그러한 격려를 통해 성경을 끝까지 읽는 힘을 길러주고 싶었습니다. 내가 마음에 드는 구절만을 골라 읽는 것이 아닌, 성경 전체를 통해 복음을 올바로 알아가기를 바라며 함께 읽었습니다. 내가 만든 하나님이 아닌, 성경이 말하는 하나님을 말씀을 통해 올바로 알아가기를 바라며 함께 읽었습니다.

성경통독 파티

✻ 성경 전집

성경읽기를 통해 성경의 전체 흐름을 배우고 나면 전집을 통해 하나하나의 사건을 복음 안에서 보다 구체적으로 들여다봅니다. 말씀 속에 하나님은 어떤 분이신지, 하나님이 하신 일은 무엇인지, 오래전 성경의 이야기가 왜 지금의 우리에게도 의미가 있는 것인지, 우리는 그분의 가르침에 따라 어떻게 살아가야 하는지를 함께 읽습니다. 자녀에게 스토리만 전해주는 것이 아니라 말씀에 담긴 의미를 알려주고, 삶으로 살아가는 적용까지 이어주면 그 과정 자체로 좋은 신앙교육이 됩니다.

특히나 아이들은 보이지 않는 하나님을 제대로 인식하기가 어렵습니다. 그리고 성경 속 인물들을 단순히 슈퍼영웅 정도로 여기기도 합니다. 홍해를 가로지른 모세, 힘이 센 삼손, 사자 굴에서 살아남은 다니엘, 골리앗을 이긴 다윗을 영웅으로 여기지 말고, 진정한 우리의 영웅 되신 하나님께서 그들을 통해 펼치신 역사임을 알려주어야 합니다. 모세의 이야기를 단순히 열 개의 재앙을 이겨낸 신기한 옛날이야기로만 보게 하지 말고, 죄와 사망의 노예였던 우리를 구원해 주신 복음의 이야기라는 사실을 꼭 알려주어야 합니다. 이스라엘 백성이 오직 어린양의 피로 살아남은 것처럼, 반드시 심판받을 수밖에 없던 우리가 어린양이신 예수 그리스도의 보혈을 통해 그 심판을 피할 수 있게 되었음을 알려주어야 합니다.

그러기 위해서는 부모가 먼저 말씀 앞에 서야 합니다. 부모의 공부가 우선 되어야겠지요. 훌륭한 선생님이 되기 위해, 먼저 성실히 배우는 자가 되어야 합니다. 그렇게 부모가 먼저 말씀을 통해 하나님을 만나고 그 은혜를 누린 경험을 쌓아갈 때, 아이들에게 더 풍성한 은혜를 전할 수 있게 됩니다.

✿ 어린이 교리책

교리란, 성경에 담긴 중요한 주제들을 체계적으로 정리해 놓은 것을 말합니다. 마치 삼각형의 정의가 무엇인지, 국가의 3요소가 무엇인지를 정의하는 것과 같습니다. 성경에서 말하는 하나님은 어떠한 분이신지, 인간의 목적이 무엇인지, 죄는 무엇인지, 기도는 어떤 것인지 등과 같이 기독교 신앙의 중요한 개념들이 갖는 의미를 성경을 통해 구체적으로 정의해 놓은 것입니다.

어린이 신앙도서에도 기본적인 교리들을 익힐 수 있는 책들이 있습니다. 삼위 하나님에 대해 알려주는 『알고 싶어요 하나님, 예수님, 성령님』(생명의말씀사), 죄가 무엇인지 알려주기에 좋은 『왜 미운 마음이 생기지?』(꿈꾸는물고기), 아이들의 눈높이에서 복음을 잘 설명해 주는 『복음을 배워요』(생명의말씀사), 천국이 어떤 곳인지를 알아가는 『예수님은 우리를 천국으로 초대하세요』(생명의말씀사) 등 말씀과 교리를 함께 배울 수 있는 좋은 그림책들이 많이 있습니다.

교리를 다룬 그림책은 아이들이 재미있게 읽는 책도 있지만, 기승전결의 스토리 중심이 아닌 책들도 있기에 자칫 아이들의 흥미를 떨어뜨릴 수도 있습니다. 이럴 때는 부모가 적극적으로 도와가며 아이와 함께 읽는 것이 좋습니다. 그때는 책을 한 번에 다 읽으려 하지 말고, 하루에 한 장 정도씩 천천히 읽어가도 괜찮습니다. 완독에 목표를 두지 말고 하나씩 천천히 그리고 무엇보다 꾸준히 읽어가는 것이 필요합니다.

어렸을 때부터 말씀의 기초를 잘 배워두면, 크면서 마주하는 다양한 상황과 문제들을 신앙 안에서 잘 풀어가는 아이로 자라게 됩니다. 말씀과 특별히 교리를 체계적으로 배운 아이들의 신앙은 그 뼈대가 튼튼합니다. 일상의 수많은 변수 앞에서도 당황하지 않고 신앙적인 선택을 할 수 있는 힘을 갖게 됩니다.

✠ 사도신경, 주기도문, 십계명

특별히 기독교 신앙의 가장 중요한 내용을 담은 세 가지, 즉 사도신경과 주기도문과 십계명을 잘 알려주어야 합니다. 이 세 가지는 믿음과 소망과 사랑에 관한 기독교의 핵심으로 사도신경은 우리의 믿음을, 주기도문은 우리가 바라는 소망을,

십계명은 우리가 실천해야 하는 사랑을 요약한 것입니다. 교회는 지난 2천 년 동안 이 세 가지를 기독교에 입문하는 사람에게 가장 먼저 가르쳐왔습니다. 따라서 이 세 가지는 우리 자녀들에게도 가장 먼저 가르쳐야 하는 기독교의 핵심 진리입니다.

처음 배우는 어린 자녀들이 이 세 가지를 친숙하게 접할 수 있도록 노래를 활용했습니다. 어린이 예배 시간에 찬양을 통해 사도신경, 십계명, 주기도문을 함께 고백하고, 이후 구절마다 어떤 의미가 있는지를 알려주었습니다. 꾸준히 반복하다 보니 아이들이 자연스럽게 내용을 익혀갔습니다. 공예배 시간에는 저 세 가지에 관한 어린이책을 준비해서 아이들이 보다 쉽게 그 내용들을 이해하며 예배에 참여할 수 있도록 도왔습니다. 『어린 자녀를 위한 십계명 주기도문 사도신경 세트』(생명의말씀사)는 내용마다 그림이 더해져 아이들이 내용의 의미를 파악하는데 도움이 됩니다. 스티커북, 색칠북을 함께 활용하면, 아이들이 스티커를 붙이고 색을 칠하는 활동을 통해 그 내용들을 이해하는데 도움이 됩니다(『사도신경, 주기도문, 십계명 색칠하기』, 생명의말씀사).

너무 일찍 아이들에게 사도신경, 주기도문, 십계명을 가르치는 것은 아닌가, 신앙교육을 너무 딱딱하게 시키는 것은 아닐까 우려하는 분들도 있습니다. 하지만 이것을 잘 알려주면 자녀들이 그저 막연한 믿음이 아닌, 일찍이 성경에 기반한 견고한 믿음을 가질 수 있습니다. 신자는 무엇을 바라며 살아가야 하는지, 또 누구를 어떻게 사랑해야 하는지를 바르게 인식할 수 있게 됩니다. 무엇보다 하나님에 대한 올바른 지식을 갖고 살아갈 수 있게 됩니다.

✳ 십계명을 배우고, 색칠로 익히는 중 ✳

✳ 말씀암송 사운드북

아이들에게 어려운 성경 말씀을 쉽게 익히고 외울 수 있도록 돕는 좋은 책들이 많습니다. 그중 하나가 말씀 사운드북입니다. 소리가 나는 장난감 마냥 아이들의 흥미를 쉽게 유발합니다. 아이들이 놀잇감으로 가지고 놀다 보면 어느새 그 말씀을 외우고 있습니다. 무슨 뜻인지 모른 채 외우는 경우가 많기 때문에 가끔씩 엄마가 옆에서 그 뜻을 설명해 주면 더욱 좋습니다.

한 번은 저희 둘째가 제게 악을 쓴 적이 있었습니다. 그날 저희 첫째 아이가 와서 "자녀들아, 주 안에서 너희 부모에게 순종하라. 이것이 옳으니라"(엡 6:1)라는 말씀을 외우며, 하나님이 엄마 말을 잘 들으라고 했는데 그렇게 엄마한테 소리치면 안 된다고 동생을 타이르는 것을 보았습니다. 바쁜 엄마라는 핑계로 일일이 가르치지 못해 놀잇감으로 쥐어주었던 사운드북에서 흘러나온 말씀이 아이의 마음에 이렇게 잘 새겨질 줄은 미처 몰랐습니다. 말씀이 아이들의 삶에서도 자연스럽게 흘러나오는 모습이 너무도 감사했습니다.

아이들이 관심을 가질 때, 그때 말씀을 알려줘야지라고 생각할 수도 있습니다. 그러나 부모가 먼저 해야 하는 것은 관심을 가질 수 있는 환경을 만들어 주는 것입니다. 일일이 전해 주는 것이 가장 좋지만 항상 알려주기 어려운 상황이라면, 아이들이 말씀을 접하고 배울 수 있는 환경을 만들어 주어야 합니다. 그러면 자연스럽게 말씀에 관심을 갖게 될 것이고, 성령님의 도우심으로 어렸을 때부터 은혜를 누리는 아이들로 자라게 될 것입니다.

※ 놀이북(미로찾기, 숨은그림찾기, 만들기 등)

놀이북은 아주 큰 기대를 하고 구비를 한 것은 아니었습니다. 이왕이면 말씀이 담겨있는 것으로 하면 좋겠다는 생각으로 하나씩 모으기 시작했습니다. 그런데 글을 모르는 아이들은 그림으로 이해하고 받아들이는 부분이 크다 보니, 놀이북에 있는 그림을 통해 배우는 유익과 은혜가 생각보다 많았습니다. 특히 『숨은그림찾기성경』(생명의말씀사)은 작은 그림을 여러 개 찾아야 하기에 아이들이 이를 꼼꼼히 살피는 가운데, 말씀 속 배경과 상황을 그림을 통해 쉽게 익혀갔습니다. 말씀읽기에 익숙하지 않고 아직 흥미가 없는 친구들에게 이러한 놀이북 활동과 더불어 성경이야기를 전해 주면 지루해하던 아이들도 언젠가부터는 흥미를 갖고 듣기 시작합니다. 또한 절기마다 어린이 성경과 그림책을 통해 그 절기의 의미를 설명해 주고, 만들기나 스티커북, 미로찾기와 같은 활동북을 함께 활용하는 일련의 과정을 계획한다면 그 자체로 훌륭한 커리큘럼이 될 것입니다.

아이들이 말씀을 가까이할 수 있도록
접근하기 좋은 곳에 두었던 성경그림책들,
스스로 보는 아이들

자연관찰로 만나는 하나님

말씀 외에도 하나님을 발견할 수 있는 곳이 있습니다. 세상 만물과 인간의 양심입니다. 이를 특별계시인 말씀과 구별하고자 일반계시라고 부릅니다. 그중에서도 자연은 하나님이 직접 창조하신 작품이기에 모든 것에서 하나님의 손길이 드러납니다. 아이들과 자연을 관찰하는 시간을 통해 창조주 하나님의 놀라운 솜씨를 발견하고 하나님의 지혜를 찬양할 수 있습니다. 계절이 바뀔 때마다 종이와 채집통을 가지고 나가 살펴본 자연물을 사진에 담거나 수집하기도 했습니다. 또 그

것들을 그려도 보고 거기에서 자신이 발견하고 느낀 하나님의 손길에 대해 발표해 보기도 했습니다.

어떤 동물은 스스로를 지키기 위해 보호색으로 자신을 위장하기도 하고, 위험할 땐 꼬리를 자르고 도망가면서 지독한 냄새를 풍기기도 합니다. 식물은 햇빛을 바라보고 꽃향기를 내며, 물과 양분을 흡수하고 바람을 맞으며 가지와 뿌리가 튼튼해지고, 꽃이 지면 열매를 맺는 등 하나님께서는 자연 만물에 제각기 독특한 품성을 주셨습니다. 이것이 하나님의 섭리입니다. 이렇게 아이들은 온몸으로 만물을 관찰하며 자연 속 하나님의 섭리를 배워갑니다.

그런데 자연의 영역을 보통 생물과 해와 달과 같은 지구에 한정 짓는 경우가 많습니다. 그래서 아이들은 동식물은 하나님이 만드셨지만 자동차, 아파트, 휴대폰은 오직 사람이 만들었다고 생각하기도 합니다. 그러나 주님은 이 땅의 보이지 않는 질서도 창조하셨습니다. 그것은 물리와 화학의 영역으로 중력과 관성과 같이 보이지 않는 힘과 물질과 물질이 만났을 때 서로에게 작용하는 질서입니다.

아파트와 핸드폰은 하나님이 주신 재료들이 하나님이 정하신 자연의 질서 아래 새로운 재료로 변화되어 만들어진 훌륭한 작품입니다. 인간이 만든 것에도 하나님의 질서와 하나님의 지혜가 담겨있습니다. 인간은 하나님의 형상을 따라

지어진 존재이기 때문입니다. 우리의 손길에 주님의 솜씨와 지혜가 깃들여 있는 것이지요. 그래서 자연을 관찰하는 일은 하나님을 바라보는 좋은 도구가 됩니다.

❋ 자연관찰을 통해 창조세계 배우기 ❋

❋ 보이지 않는 힘, 중력도 만드셨단다 ❋

두 번째, 어떤 책을 선택해야 할까요?

어린아이는 발달에 따라 이해하는 정도가 확연하게 차이가 납니다. 그래서 시기에 맞는 적절한 책을 만나는 것이 중요하지요. 앞에서 책을 몇 권 소개해 드렸는데요. 아이마다, 상황마다 필요한 책이 다르고 앞으로 더 좋은 책이 출판될 것이기에, 제가 좋았던 책을 정해드리기보다 책을 선택할 때 가졌던 몇 가지 기준을 나누고자 합니다.

⚘ 자녀의 발달을 살펴봅니다

어린 자녀들은 한 해만 지나도 이해하고 받아들이는 속도가 확연히 달라집니다. 영아기에는 책을 통해 그림 속 단어(예수님, 방주, 양, 당나귀와 같은)만 읽어주다가 한두 줄 문장이 담긴 책을 보게 되었고, 이후 점점 글의 양이 많은 책으로 옮겨가기 시작했습니다. 초등학교 입학 이후에는 만화책과 함께 글의 양이 꽤 많은 책을 읽어가기 시작합니다. 자녀가 소화할 수 있는 글의 양과 수준을 잘 파악해야 합니다. 아이들이 어린데 수준에 맞지 않는 어려운 책을 읽어주면 말씀을 어렵고 지루하게 여깁니다.

반대의 경우도 잘 살펴야 하는데요. 충분히 더 깊이 있는 내용을 소화하고 이를 풍성히 누릴 수 있는 아이에게 적절한 말씀을 공급해 주지 않는 것입니다. 젖먹이는 젖먹이에 맞게, 유아는 유아에 맞게 씹고 소화하는 힘을 길러주어야 합니다. 어린이 신앙도서는 아직은 다른 교육 분야만큼의 양은 아니지만, 찾아보면 양질의 도서가 많습니다. 우리가 적극적으로 찾아서 읽고 구매한다면, 이것이 기반이 되어 보다 양질의 신앙교육과 도서들이 기획되고 출판될 것입니다.

저는 자녀의 이해 정도에 맞는 책을 살피기 위해 종종 도서관에 갑니다. 그때마다 아이가 고르는 책을 통해 관심사와 발달 정도를 살폈습니다. 무엇을 궁금해하는지, 어떤 형태의 어떤 그림체를 좋아하는지, 어느 정도까지 글의 양을 소화할 수 있는지를 보고 그것과 비슷한 정도의 책을 쥐어주었습니다. 적극적으로 읽어준 책도 있고, 비치해 두고 관심받을 날이 오기를 기다렸던 책도 있습니다. 시간이 지나면 자연스레 모든 책을 한 번씩 만나게 될 테니, 조급해하지 말고 말씀과 만나는 환경을 잘 만들어주는 것이 중요합니다. 우리도 자녀를 위해 열심을 내지만 아이의 아버지 되신 하나님께서 친히 아이에게 은혜와 지혜를 주시리라 믿으며 책장을 채워나갔습니다.

❄ 어린이 신앙도서를 부모가 직접 찾아봅니다

기독교서점(기독교백화점), 도서관의 종교코너 등에서 직접 찾아볼 수 있습니다. 저는 시간이 될 때면 꼭 기독교서점에 들렀습니다. 새해마다 중요한 절기마다 어떤 책이 나왔을까 설레는 마음으로 찾아갔습니다. 자녀와 함께 가면 더욱 좋지요. 아이가 직접 보고 고른 책과 제가 흥미 있게 보는 책을 함께 구매했습니다. 새 책이 아니더라도 괜찮습니다. 요즘 어린이 도서관에는 대부분 종교코너가 있어서 그곳에서 빌려 볼 수 있습니다. 도서관에서 충분히 책을 만나고 좋은 책은 대여하거나 구매해서 집에서도 볼 수 있게 해주었습니다.

직접 가지 않아도 갓피플 도서홈에서 다양한 도서를 찾아 볼 수 있습니다. 연령별, 분야별 카테고리가 잘 구분되어 있고 미리보기로 책을 살펴볼 수 있어서 아이에게 필요한 책을 준비할 수 있습니다.

✳ 갓피플 홈페이지 연령별 카테고리 ✳

연령별 어린이도서

영아(0~3)	초등저학년
유아(3~5)	초등고학년
유치(5~7)	초등전학년

분야별 어린이도서

성경전집	이야기성경
성경쓰기	어린이 성경
성경만화	신앙도서
놀이북	사운드북
말씀영어	신앙만화
기독교교리	성경적성교육
성품교육	미니도서관

어린이 신앙도서는 대부분 성경이야기를 다루고 있기 때문에 크게 문제 되는 경우는 없지만, 가끔 말씀에서 벗어나는 문장들이 담긴 책이 있습니다. 신앙도서라고 해서 무조건 구비하기보다, 말씀을 잘 담고 있는지, 바른 해석 아래 저술된 내용인지 확인해야 합니다.

더불어 아이의 선호도가 책을 선택하는 절대적인 기준이 되어서는 안 되겠지요. 어렵고 흥미가 떨어져도 꼭 읽혀야 하는 양질의 책들이 있습니다. 여러분은 평소에 어떤 책에서 은혜를 누리시나요? 평소 부모가 좋은 신앙도서를 만났을 때의 경험이 자녀를 위해 좋은 책을 찾는 기준이 되어줄 것입니다.

세 번째, 어떻게 읽어주어야 할까요?

※ 믿음으로 읽습니다

신앙도서는 여느 책과 다른 한 가지가 있습니다. 바로 우리가 믿음으로 읽어야 한다는 것입니다. 그래서 아이들에게 책을 읽어줄 때도 믿음으로 읽어줘야 합니다. 하나님의 말씀을 전하는 자를 뜻하는 '선지자'의 히브리어 원어에는 '분출하다, 끓어 넘치다'라는 의미가 있습니다. 그것은 선지자가 하나님의 말씀을 안고서 전하지 않을 수 없는 엄청난 열정을 불러 일으키는 것을 의미합니다. 우리는 자녀에게 하나님의 말씀을 전하는 선지자로서 먼저 이 마음을 꼭 가져야 합니다. 하나님의 말씀인데 냉랭하게 나오는 별로 상관없는 이야기처럼 전할 수는 없겠지요.

동화구연처럼 실감 나게 연기하듯 읽어주라는 뜻이 아닙니다. 부모가 먼저 열정과 진심을 다해 말씀을 읽고 그 말씀을 믿음으로 받아야 한다는 말입니다. 이 말씀이 우리 신앙에 어떤 영향을 끼치고 어떤 유익이 있는지, 무엇을 주의해야 하는지 등을 내가 먼저 충분히 묵상했다면, 아이들과 이 본문을 만났을 때 본인이 먼저 묵상했던 고민과 생각이 나눔 가운데 자연스레 녹아들게 될 것입니다.

아담과 하와가 선악과를 먹은 장면은 가볍게 웃으며 전할 수 없는 말씀입니다. 어쩌면 성경에서 가장 슬픈 순간이 바로 이때일지도 모르겠습니다. 인간이 하나님을 거역하고 죄가 시작된 이 순간은 처참하고 슬픈 장면입니다. 이때의 불순종으로 아담과 하와는 에덴동산에서 쫓겨나 하나님과 함께 하지 못하게 되었습니다. 죄의 결과로 사랑하는 그들의 자녀 사이에서 형이 아우를 죽이는 인류 최초의 살인이 벌어지고 말았습니다. 우리가 이 말씀을 믿고 죄의 처참한 결과와 영향력을 안다면, 이 선악과를 먹은 불순종의 이야기를 가볍게 전할 수는 없을 것입니다. 모든 말씀이 하나님의 말씀인 것을 기억하며, 믿음으로 심기기를 기도하는 마음으로 읽어주어야 합니다.

✳ 삶에서 이야기합니다

신앙교육이 지식교육에만 그쳐선 안 됩니다. 우리의 믿음은 행동으로 드러납니다. 야고보 사도는 행동이 따르지 않는 믿음은 그 자체가 죽은 것이라고 말했습니다. 그는 믿음뿐만 아니라 우리의 삶도 강조했습니다.

책읽기에서 그치지 않고, 배우고 알게 된 것을 일상에서도 적용할 수 있게 도와주어야 합니다. 아이들도 말씀을 자신의 삶의 기준으로 삼을 수 있도록 꾸준히 훈련시켜야 합니다. 형제나 친구들과 다툼이 있을 때 이웃을 사랑하라는 말씀을, 친구를 용서하지 못할 때 십자가의 은혜를, 하나님의 말씀을 거스르고 싶을 때 불순종 했던 성경 속 인물들을 상기시키는 등 아이들이 배운 말씀대로 일상을 살아갈 수 있도록 도와주어야 합니다. 사회 구성원으로 교육시키기 위해서 인성동화를 부지런히 읽어주고 적용하듯이, 하나님나라의 백성답게 살아가게 하려면 하나님께서 사람에게 요구하시는 거룩한 의무가 담겨있는 말씀을 알려주는 것이지요.

그러나 말씀을 아무리 전해도 자녀들이 한 번에 바뀌지는 않기에, 때로는 이렇게 이야기하는 것이 무슨 의미가 있을까라는 생각이 들기도 합니다. 하지만 우리는 말씀의 힘을, 하나님의 일하심을 믿습니다. 우리 어른들도 날마다 말씀에 비추어 평생을 살아가지 않습니까? 우리 아이들에게도 언젠가 이 말씀이 힘이 되고, 위로가 되고, 삶의 기준이 될 거라 믿으며 전하는 것입니다. 저의 백 마디의 말보다, 말씀을 통해 일하실 하나님을 기대합니다.

씨앗을 심으면 우리 눈에는 보이지 않지만, 시간이 지나면서 물과 양분을 먹고 흙의 힘을 이겨낸 뒤 햇빛을 향해 고개를 들고 움을 틔웁니다. 아이들에게도 우리의 샘물 되신 예수 그리스도의 말씀을 부지런히 먹이면, 언젠가 말씀이 힘이 되어 빛 되신 예수 그리스도를 향해 마음의 움을 틔울 것입니다. 우리 자녀들을 자라게 하실 하나님을 기대하며 날마다 말씀의 샘물을 공급해 주고자 힘써야 합니다.

✲ 언제부터 읽어주어야 할까요?

많은 분들이 말씀을 언제부터 가르쳐야 하는지 질문합니다. 그럴 때마다 저는 지금 바로 시작하시라고 말씀드립니다. 아이가 너무 어리다면 또 그 상황에 맞게 간단한 단어부터 그림으로 알려주면 됩니다.

자녀신앙교육에 관한 강의를 들은 분들 중에, 강의를 들고 너무 좋아서 적용하고 싶은데, 자녀가 청소년이 되어 더 이상 부모의 이야기를 듣지 않는다며 안타까워하는 분들이 많았습니다. 전능하신 하나님께서는 자신의 백성을 일평생, 그리고 영원히 인도해 가십니다. 그러나 부모가 자녀를 잘 가르칠 수 있는 기간은 정해져 있습니다. 해마다 나이가 더해질수록 자녀는 부모를 떠나 살아갈 준비를 합니다. 그러기에 시간이 지날수록 부모의 영향력은 줄어만 갑니다. 부모의 영향 아래 자라는 시간은 그리 길지 않습니다. 하나님을 배우기 가장 좋은 때는 지금입니다. 너무 이르다고, 너무 늦었다고 생각하지 말고 연령에 맞게 상황에 맞게 씨를 뿌리고 물을 주세요. 그 이후엔 주님이 자라게 하실 것입니다.

✳ 돌 무렵에 시작했던 말씀묵상 ✳

*자녀양육, 더 깊은 은혜의 자리로

기도,
하나님께 이렇게 기도드리는 거야

기도는 하나님의 백성이 누리는 복이자 특권입니다. '하늘에 계신' 창조주 하나님께서 '우리 아버지'가 되어 주셔서 친히 우리의 이야기에 귀 기울여 주시는 은혜의 자리입니다. 부모는 인간이라는 물리적인 한계와 마음의 한계로 인해, 언제 어디서나 너그러운 마음으로 자녀의 이야기를 경청하기 어렵습니다. 그런 우리 아이들에게 친히 아버지 되어 주신 주님께서 부모의 손길이 닿지 않는 모든 순간에도 자녀들의 이야기에 늘 귀를 기울여 주십니다. 참으로 감사한 일입니다. 그래서 전 우리 아이들이 어렸을 때부터 기도의 자리에서 복을 누리는 아이들로 자라기를 바랐습니다.

　죄인인 우리는 거룩하신 하나님께 나아갈 수 없습니다. 하나님과 우리 사이를 중재하시는 예수 그리스도께서 우리 죄를 위하여 행하신 모든 사역 덕분에 다시 주님께 나아갈 수 있게 되었습니다. 우리가 예수 그리스도의 이름으로 기도를 드리는 이유가 바로 이것입니다. 그런데 하나님께 나아가는 이 큰 복을 누리는 방법이 의외로 너무나 간단합니다. 그래서 그럴까요? 기도가 얼마나 은혜인지 모르고, 그 복을 제대로 누리지 못한 채 살아갈 때가 참 많습니다.

제 인생에 쓰디쓴 아픔을 안고 고통의 시간을 지나던 때가 있었습니다. 그 누구도 그 어떤 것으로도 완전한 위로가 되지 않아 절망감에 짓눌려 헤어 나올 길이 보이지 않았을 때, 제게는 불 꺼진 교회에 들어가 하나님 앞에 무릎 꿇는 것이 유일한 위로였습니다. 아이들에게도 언젠가 인생의 아픔을 온전히 감내해야 하는 시간이 찾아오겠지요. 모든 사람은 쓰라린 광야의 시간을 적어도 한 번쯤은 맞이합니다. 외부로부터 오는 여러 아픔과 아물지 않는 상처는 물론이고, 자녀 스스로 사단의 유혹에 넘어져 치열하게 죄와 싸우는 고독한 시간을 지나가야 할 때도 있을 테지요. 이 쓰디쓴 광야의 시간에 아이들이 기도의 자리를 통해 마음을 지키며 그 시간을 헤쳐 나가길 간절히 바랍니다.

"주께서 심지가 견고한 자를 평강하고 평강하도록 지키시리니 이는 그가 주를 신뢰함이니이다 너희는 여호와를 영원히 신뢰

하라 주 여호와는 영원한 반석이심이로다"(사 26:3-4)

아이들이 어렸을 때부터 기도의 은혜를 가득 누리기를 소망합니다. 보호자인 부모가 없을 때는 물론 부모로부터 받은 상처 안에서도 한계가 없으신 완전하신 그분께 나아가 마음이 튼튼한 아이로 자라기를 소망합니다. 우리 아이들에게 기도의 길을 잘 전해 주고 싶었습니다.

우리 함께 기도하자

☀ 말씀 위에 기도하는 거야

시시때때로 아이와 함께 기도하는 성실한 엄마는 되지 못했지만, 반드시 지킨 것 중에 한 가지는 잠자리기도입니다. 매일 밤 성경 그림책을 함께 읽고, 깨닫게 해주신 바를 기억하며 기도했습니다. 말씀으로 함께 기도한 것이지요. 돌이켜보니 그 시간이 하루 중 가장 중요한 경건훈련의 시간이었습니다. 날마다 아이들과 말씀을 읽고 질문하며 적용하고 기도로 하루를 마무리했습니다. 자기 욕심으로 구하는 것이 아닌, 말씀을 읽고 하나님께 나아가는 것이 기도입니다. 말씀에 통해 깨닫게 해주시는 은혜에 따라 분별하여 기도하고자 노력했습니다.

⁂ 기도책을 통해서

영유아기 때부터 아이와 함께 어린이 기도책을 읽었습니다.
『엄마와 함께하는 우리아기 첫 기도』(겨자씨)는 다양한 상황에
서 무엇을 기도해야 하는지, 어떤 마음으로 하나님께 말씀드
려야 하는지를 어린이의 눈높이에서 배울 수 있는 책입니다.
문장 하나하나 세상을 바라보는 따뜻하고 다정한 어린이의
마음이 담겨있어 함께 기도하는 마음으로 읽어갔습니다.

친구가 아플 때, 교회에 가지 않는 삼촌의 믿음을 위해,
동생이랑 싸웠을 때와 같은 상황별 기도내용이 담겨 있어 그
런 상황을 마주할 때 책을 꺼내서 함께 읽기도 하고, 책이 없
을 때에는 '책에서 나온 내용 기억하지? 그 내용처럼 기도하
는 거야'라고 알려주기도 했습니다. 기도의 내용을 읽으면서
신자의 태도에 대해서도 함께 배웠습니다. 친구와 싸우고 나
서도 '이런 마음은 잘못했어요'라며 회개하고, '앞으로 싸우
지 않고 사이좋게 놀게요'라고 기도하며 읽어가다 보면 자연
스럽게 예수님을 닮은 마음가짐도 배우게 됩니다.

⁂ 엄마를 보면서

아이들에게 기도의 본이 되고 싶었습니다. 제가 훌륭한 기도

의 사람이라서가 아닙니다. 저는 자녀를 키우며 더욱 저의 죄와 마주했기에 제가 완벽한 엄마가 될 수 없다는 것을 알았습니다. 그래서 저처럼 부족한 엄마들에게 자라는 아이들이 그들의 완전하신 아버지이신 하나님께로 나아가 위로와 평안을 누리는 아이들로 자라기를 바랐습니다. 그래서 아이들 앞에서 아이들이 있다고 부끄러워하지 않고 더 열심히 기도했습니다. 아이들은 부족한 엄마의 고백과 하나님을 향한 간구를 듣고 자랐습니다.

은하가 일곱 살이 되었을 때, 참 바쁘게 지냈습니다. 교회를 개척한 첫 해라 생계유지를 위해 낮에는 일을 하고 저녁에는 온라인 사역으로 밤낮없이 분주할 때가 많았지요. 저희 딸은 저를 닮아 밤을 무서워하는데, 엄마가 옆에서 잠들 때까지 이야기해 주고 찬양을 불러줘야 잠이 들었습니다. 한번은 그날 밤에 꼭 처리해야 할 일이 있어서 거실에서 노트북을 붙잡고 있었는데, 엄마 없이 잠들었나 하고 살펴보니 일곱 살 꼬마가 엎드려 하나님께 혼자 기도하고 있었습니다. 엄마로서 모든 것을 채워주지 못해 늘 미안했지만, 엄마의 손길이 닿지 못하는 순간에도 하나님께 달려가는 길을 알고 있는 모습에 참으로 감사했습니다. 앞으로 아이들이 겪어야 할 두려운 상황들이 얼마나 많이 찾아올까요. 그때마다 부모를 통해 배운 길, 우리의 피난처 되신 그리스도께 가는 길을 아는 아이들은 참으로 복됩니다.

예수님이 가르쳐 주신 기도

❋ 하나님 오늘 유튜브 많이 보게 해주세요

저희 아들이 4살이었을 때 간절히 기도했던 내용입니다. 식사하는 자리에서 저렇게 큰 목소리로 믿음으로(?) 기도하는 녀석 덕분에 그때마다 엄마인 저는 고민에 빠졌습니다. '하나님, 아들의 기도제목을 들어줘야 할까요?' 다행히(?) 항상 바쁘게 지내는 엄마라, 하나님께서 자주 아들의 기도를 들어주셨습니다. 아이들이 하나님께 구하는 습관이 익숙해지면서 기도를 마치 지니의 램프로 여기는 것 같았습니다. 유쾌한 에피소드였지만 한편으론 올바른 기도를 가르쳐야겠다고 마음먹은 계기이기도 했습니다.

아이가 자라 갈수록 점차 바른 기도의 방향을 알려주면 자녀의 신앙에 유익이 됩니다. 아이들의 기도가 틀렸기 때문이 아니라, 아이들이 바른 기도를 통해 더 큰 은혜를 누리길 바라는 마음으로 알려주는 것이지요. 아이들의 올바른 기도를 위해 예수님이 알려주신 주기도문을 가르치는 것이 매우 중요합니다.

아이들에게 주기도문을 알려주기 위해서 이렇게 했습니다. 첫 번째, 주기도문으로 만든 어린이 찬양을 자주 들려주었습니다. 어린이 예배시간에는 물론 평소에도 자주 들려주어 주기도문을 자연스럽게 외울 수 있도록 도왔습니다. 자녀와 어린이 예배를 드릴 때에는 예배시간마다 주기도문의 의미를 귓속말로 알려주었습니다. '은하야. 주기도문은 예수님이 알려주신 기도야. 주기도문은 우리의 최고의 소원이야' 너무 어려서 이해하지 못한다고 생각하지 않고, 주님이 깨닫게 해주실 날을 기다리며 알려주었습니다. 지금은 제가 어린이 예배를 인도하기에 모든 아이들에게 힘차게 알려줍니다. '얘들아! 우리 이제 주기도문으로 예배를 마칠 거야. 주기도문은 우리의 최고의 기도란다. 예수님이 알려주신 아주 특별한 기도지. 우리 기도하는 마음으로 크게 고백해 보자!'

두 번째, 익숙하게 주기도문을 외우고 나면, 주기도문 각 구절의 의미를 알려주었습니다. '하늘에 계신 하나님이 우리 아버지라니, 너무 좋다 그렇지? 높이 계신 창조주 하나님이 우리의 아버지 되어주셨단다. 그래서 엄마 아빠에게 이야기하는 것처럼 우리도 하나님께 우리가 원하는 것을 이야기할 수 있는 거란다' 이렇게 하기 위해선 부모가 먼저 주기도문을 공부해야 합니다. 각 구절에 담긴 의미를 배우고 늘 그렇게 기도해야 합니다. 부모가 먼저 기도의 은혜를 누린 뒤, 정직

하고 진실 되게 알려주는 것이 좋습니다.

　세 번째, 책을 통해 자세히 살펴봅니다. 어린이책 중에도 주기도문을 배울 수 있는 좋은 책들이 있습니다. 『그림으로 외우는 주기도문』(주니어아가페)은 구절마다 그림이 함께 담겨 있어서 각 구절의 의미를 그림을 통해 쉽게 배울 수 있습니다. 『어떻게 기도할까요?』(생명의말씀사)는 자신을 자랑하기 위해 길에서 아주 크게 기도하는 것, 마음 없이 중언부언 기도하는 모습들을 통해 기도에 대한 잘못된 오해를 벗겨내고, 예수님이 알려주신 올바른 기도가 있다는 것을 알려주는 책입니다.

　초등생 이후에는 『만화 어린이 주기도문』(부흥과개혁사)이 좋습니다. 깊이 있는 내용을 담고 있는, 조금은 어려운 책일 수 있습니다. 이 책은 아이들이 처음부터 정독할 것을 기대하고 구비한 것은 아닙니다. 단, 아이들이 읽지 않는다고 해서 조급해하거나 구비한 것을 후회하지 않아도 됩니다. 책은 구비해 두면 언젠가는 아이들 손에 들리게 됩니다. 어떤 날은 그림만 보기도 하고 어떤 날엔 한 페이지를 겨우 읽기도 합니다. 하지만 괜찮습니다. 언젠가는 다 읽게 됩니다. 또는 부모님이 한 장씩, 한 챕터씩 함께 읽으며 설명해 주고 그 내용을 서로 나누는 것도 좋습니다.

바른 기도를 알려줄 때 주의해야 할 점은 아이들의 기도를 틀렸다고 꾸짖거나 바로 잡으려 하지 말아야 한다는 것입니다. 저 또한 하나님 앞에 제 욕심으로 구했던 기도가 얼마나 많았겠습니까. 제 아들이 유튜브를 간구한 귀여운 바람보다 제가 하나님 보실 때 더 엉뚱한 것을 구하는 경우가 많았을 것입니다. 선한 의도로 포장한 욕심은 또 얼마나 많았을까요.

저희 교회에 곤충을 좋아하는 6살 꼬마 곤충박사가 있습니다. 우리 꼬마 곤충박사의 기도제목은 하나님이 곤충들을 지켜주시는 것입니다. 어른들 보기에는 귀엽기만 한 기도제목이지만 가볍게 여기지 않고 진지하게 들어주고, 함께 진심으로 기도합니다. 이 땅을 보존하고 다스리는 관리자인 사람으로서 피조세계를 사랑하는 아이의 마음을 통해 오히려 어른들이 배우기도 하지요. 오히려 어른들은 마음에는 악한 것이 가득하나, 입술로만 다른 것을 구할 때가 많습니다. 하나님은 외식하는 자들의 기도를 꾸짖으셨습니다. 자녀들의 순수한 마음으로 하나님께 구하는 것들이 악한 기도제목이 아니라면, 진지한 마음으로 함께 기도하는 것이 좋습니다.

혹여나 아이들이 누군가를 미워하고 저주하는 기도를 한다면, 혼내지 마시고 바른 기도의 방향을 알려주되 무엇보다도 먼저 아이를 위해 기도하시기를 바랍니다. 부모의 지도는 선한 흉내를 내는 기도를 만들 수는 있겠지만, 진정 사람의 마음을 선하게 변화시키시는 분은 오직 하나님이시기 때문입니다. 아이가 기도의 자리에서 하나님의 사람으로 변화되길, 그리고 그 시간이 하나님을 만나는 시간이 되기를 기도로 도와야 합니다.

기도는 정답을 구하는 자리가 아닌, 부족한 마음 그대로 하나님께 나아가는 자리입니다. 그 가운데 하나님이 주시는 은혜로 우리의 마음이 변화되기도 하고 조금씩 신앙이 성숙해 가기도 하지요. 예수님께서는 은혜의 방편인 기도조차 제대로 누리지 못하는 우리들을 위해 주기도문을 선물로 주셨습니다. 주님이 알려주신 기도를 통해 우리의 신앙이 좀 더 성숙해지길 소망합니다. 이 땅에서의 나의 필요도 중요하지만 무엇보다 영원한 하나님의 영광과 그의 뜻과 통치를 구하며, 기도를 통해 하나님나라에 동참하는 은혜를 누려야 합니다. 기도의 과정을 통해 하나님의 뜻대로 내 마음이 변화되어 예수님을 닮아가는 은혜를 누리기를 소망합니다.

회개하는 기도는 하나님이 주신 선물이야

예수님은 십자가 순종으로 우리의 모든 죗값을 치러주셨습니다. 그러나 이 땅에 사는 동안 아직 우리는 죄의 몸을 입고 있기에 날마다 죄의 유혹 가운데 살아가고 또 죄를 짓습니다. 반복된 죄는 하나님과의 친밀한 교제를 방해합니다. 그러기에 참된 신자는 하나님과의 더 친밀한 교제를 위해 반복되는 죄를 회개하고 하나님께로 돌이켜야 합니다.

아이들에게도 회개를 알려주기 위해 『신앙낱말사전』(성서유니온선교회)을 통해 죄와 회개가 무엇인지를 함께 배웠습니다. 회개는 하나님이 주신 선물로 '회개했으니까 용서해 주세요!'라고 큰소리치는 것이 아니라, 하나님이 우리 죄를 용서하기 위해 주신 선물이라고 알려주었습니다.

무엇보다 엄마가 먼저 하나님 앞에 진심으로 회개해야 합니다. 욥이 자녀의 죄를 위해 아침마다 번제를 드린 것처럼 저 역시 자녀의 죄를 위해 아이와 함께 기도하기도 하고, 때론 홀로 하나님 앞에 서기도 했습니다. 저희 교회의 예배순서에는 십계명에 비추어 기도하는 참회의 시간이 있습니다. 저희 아이들은 그 시간에 진심으로 죄 용서를 구하는 엄마의 모습을 보며 자랐습니다. 지금은 그 유익을 함께 누리기 위해 매주 예배시간에 이야기합니다. '이 시간은 하나님께 잘못한 것을 말씀드리고 용서해 달라고 이야기하는 시간이야. 하나님은 너그럽게 우리의 모든 죄를 용서해 주시는 분이야. 그러니 함께 회개하자'라고 이야기합니다. 아이들이 함께 기도할 때도 있지만 참여하지 않고 눈을 뜬 채 두리번거리기만 하는 때도 있습니다. 이런 모든 시간들이 쌓여 언젠가 자신이 곤고한 죄인임을 깨닫고 하나님 앞에 진심으로 참회하는 시간이 올 거라 믿습니다.

더불어 삶에서도 회개의 은혜를 보여줍니다. 아이가 용서를 구했을 때, 너그럽게 용서해 주어야 합니다. 부모도 인간이기에 아이와 감정싸움을 하고 나면 쉽게 풀리지 않을 때가 있습니다. 너그럽게 용서해 주지 못하고 지나치게 화를 내던 날도 많지요. 그럴 때는 내가 받은 죄 용서의 은혜를 기억하며 넉넉한 마음으로 용서하고자 애써야 합니다. 또 감정이 누그러지고 나면 자녀에게 지나치게 화냈던 것에 대해서도 용서를 구해야 합니다. 죄를 말하고 용서를 구한다는 것은 굴욕적인 것이 아닙니다. 엄마도 아이에게 잘못할 수 있음을 이야기하고 진심으로 자녀에게 사과해야 합니다. 가정 안에서 서로 용서하고 용서받은 은혜를 누린 아이는 주기도문에서 말하는 것처럼, 죄지은 자를 사하여 주는 넉넉한 마음을 가진 아이로 자라게 됩니다.

마지막으로 꼭 알려주어야 할 것이 있습니다. 진정한 회개는 반드시 삶으로 드러나야 한다는 것입니다. 회개는 입으로 죄를 고백하는 것에 그치는 것이 아닌, 삶의 방향 자체를 하나님께로 돌이키는 것을 의미합니다. 죄를 깨닫고(지), 죄를 미워하며(정), 죄짓지 않도록 애쓰는(의) 것입니다. 우리의 전 인격이 날마다 죄와 싸우며 살아가기를 간구해야 합니다. 아이와 함께 회개한 내용을 잘 기억하고 그것이 반복되지 않도록 세심히 살펴야 합니다. 물론 우리의 연약함은 우리의 결심과 노력보다 강력할 때가 많습니다. 죄와의 싸움은 결코 녹록지 않습니다. 아이와 함께 다짐한 것을 지켜갈 수 있도록 성령님의 도우심을 구하며 가족 모두가 함께 싸워야 합니다.

📙 웨스트민스터 소교리문답

87문: 생명에 이르는 회개는 무엇입니까?

  답: 생명에 이르는 회개는 구원의 은혜인데, 이 은혜로 말미암아 죄인은 자기 죄를 바로 알고 그리스도 안에 있는 하나님의 자비를 깨달아, 자기 죄를 크게 슬퍼하고 미워하며 그 죄에서 떠나 하나님께로 돌이키고, 굳은 결심과 노력으로 새롭게 순종합니다.

회개는 하나님과의 막힌 담을 허무는 선물입니다. 어렸을 때부터 회개를 통해 죄를 멀리하고 하나님과 더 친밀한 아이로 자라기를 바라며 회개기도를 가르칩시다.

이웃을 위해서 기도하는 거야

자녀들과 기도하다 보면 기도의 대상이 주로 자녀의 삶에 한정되는 경우가 많습니다. 그러나 바울은 자신의 영적인 아들 디모데에게 무엇보다도 먼저 모든 사람을 위해 기도하라고 가르쳤습니다.

> "나는 무엇보다도 먼저 이것을 권합니다. 그대는 모든 사람을 위하여 하나님께 열심히 기도하며 감사하시오. 왕들과 높은 자리에 있는 모든 사람들을 위해서도 그렇게 하시오. 그것은 안정되고 평온한 가운데서 경건하고 거룩한 생활을 하기 위한 것입니다. 이런 생활은 아름다운 것이며 우리 구주 하나님을 기쁘게 해 드리는 일입니다"(딤전 2:1-3, 현대인의 성경)

자녀들에게 다른 사람을 위한 기도를 알려주기 위해 〈이웃을 위한 기도표〉를 만들었습니다. 가까이 지내는 가족과 친구들, 선생님을 위한 기도는 물론 나라와 지도자 그리고 교회와 하나님나라를 위해 기도하게 했습니다. 소중한 가족들의 얼굴을 직접 오려 붙이고 학교와 어린이집 선생님, 친구들의 이름을 기도표에 꾹꾹 눌러 적었습니다. 우리 아이들은 본인이 알고 있는 사람들을 위해서 기도하기를 기뻐합니다. 평소에도 잘 알고 지내는 사이라 친밀하기도 하고, 그들을 기도로 돕고 있다는 마음에 으쓱해져 적극적으로 기도에 참여합니다.

그러나 잘 모르는 이웃을 위한 기도는 가까운 사이가 아니기에 자주 잊어버리거나 왜 하는지 이유를 몰라서 지루해하기도 합니다. 그래서 부모는 왜 우리가 잘 모르는 이웃을 위해서도 기도해야 하는지 알려주어야 합니다. 바울은 특히 위정자들을 위해서 기도하라고 하며, 그것이 안정되고 평온한 가운데서 신앙생활을 하기 위해서라고 말합니다(딤전 2:2). 하나님께서 사회 질서를 유지하기 위해 국가를 허용해 주시고, 세상 나라의 통치를 위정자에게 맡기셨습니다. 그래서 국가 통치자들에게 순종하라 말씀하십니다(롬 13:1). 물론 '통치' 파트에서 말씀드린 것처럼 하나님이 우리의 최고 통치자이시기에 국가가 하나님을 거스르는 통치를 할 때는 목소리를 내고 반대해야 합니다. 국가는 이렇듯 국민들을 보호하고 법으로 다스려야 합니다.

국가가 국가 본연의 역할을 잘할 수 있도록, 특별히 우리가 평안히 거룩한 생활을 할 수 있도록 기도해야 합니다. 저희 가정은 기도해야 할 사회적 이슈가 있을 때 아이들에게 알려주었고 그 이슈를 위해, 나라의 대통령과 위정자들을 위해 함께 기도했습니다. 특히 국가적 큰 사고나 자연재해, 심각한 갈등과 분열의 상황을 설명해 주면 아이들은 진지하게 듣고 그 상황을 이해합니다. 크고 작은 이슈 앞에서 걱정에 사로잡히는 것이 아니라 아이들의 손을 잡고 함께 하나님 앞에 무릎을 꿇었습니다.

종교의 자유가 없는 나라들이 아직도 많이 있습니다. 하나님을 믿는 일에 목숨을 걸어야 하는 나라들이 있지요. 그러한 나라를 위해서 아이들과 함께 기도합니다. 아이들은 세계 정사를 아직 모르기에 책과 사진, 영상을 통해 다른 나라의 상황을 알려주었습니다. 특별히 같은 민족 북한에 대해 자세히 알려주며 북한을 위해 기도했습니다.

또한 교회와 하나님나라를 위해 기도했습니다. 하나님을 아버지로 믿는 우리 모든 교회는 한 형제자매입니다. 우리 교회에 함께 속한 사람들은 물론 다른 교회 사람들도 모두 한 가족이지요. 아이들과 함께 교회 목사님, 선생님, 교회 이모와 삼촌들을 생각하며 기도하고 교회에 출석하지 못한 친구들, 아픈 친구들을 위해 함께 기도했습니다. 우리 교회가 시험에 들지 않고 주님의 은혜와 복을 가득 누리는 교회가 되기를 함께 기도했습니다.

이웃을 위해 기도하는 것은 자녀들에게도 이롭습니다. 나의 기도제목에 시선이 머물렀을 때는 보지 못했던 것들이 이웃을 위해 기도하면서 보이기 시작합니다. 더불어 이웃을 위한 기도에 응답해 주시는 하나님의 일하심 덕분에 나의 주변에도 선한 영향력을 끼치게 됩니다. 이웃을 위한 기도를 통해 자녀의 지경이 개인에서 하나님나라로 확장되며, 영원한 하나님나라에 더 소망을 두게 되니 이웃을 위한 기도의 자리는 참으로 은혜의 자리입니다.

☀ 엄마를 위해서 기도해 줘

저는 자녀들에게 저의 기도제목을 자주 이야기하고, 저를 위한 기도를 부탁합니다. 아이들의 눈높이에 맞춘 기도가 아니라 실제 저의 기도제목을 나누고, 이후 제가 누린 은혜를 이야기합니다. 실제로 사업이 조금 어려웠을 때 엄마가 파는 곰돌이를 사람들이 많이 구입해 주기를, 또 이 일을 해나가는 엄마에게 지혜를 주시기를 기도해 달라고 아이들에게 부탁했습니다. 기도를 가르치기 위해서도 있지만, 어렸을 때는 물론 나중에 커서도 함께 기도하는 든든한 동역자요 친구로 세워지길 바랐기 때문입니다. 우리의 아이들이 어렸을 때부터 이웃을 위해 기도하는 넉넉한 마음을 가진 아이로 자라기를 바랍니다. 더불어 힘든 날에는 용기 있게 기도를 부탁할 줄 아는, 기도의 은혜를 사모하는 사람이 되기를 바랍니다.

📖 웨스트민스터 대교리문답

183문: 우리는 누구를 위해 기도해야 합니까?

답: 우리는 지상에 있는 그리스도의 모든 교회와 국가와 국민을 공적으로 섬기는 사람들과 사역자들과 우리 자신과 우리의 형제들뿐만 아니라 우리의 원수들을 위해서도 기도해야 합니다. 또한 살아 있는, 그리고 이후에 살아갈 모든 부류의 사람을 위해서도 기도해야 합니다. 그러나 죽은 사람들을 위해서나 사망에 이르는 죄를 지은 것으로 알려진 사람들을 위해서는 기도하면 안 됩니다.

❋ 이웃을 위한 기도를 위해 만든 기도판 ❋

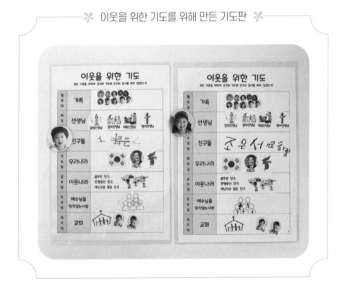

기도한 대로 살아가보자

기도는 은혜의 방편, 즉 우리가 은혜를 공급받는 수단입니다. 말씀과 기도로 하나님의 뜻을 깨닫고 은혜를 받은 아이들은 이제 세상으로 나가야 합니다. '기도했으니까 다 해주시겠지'라고 가만히 앉아 하나님의 일하심을 기다리는 것은 올바른 믿음이 아닙니다. 세상에서 삶으로 살아내는 순종도 배우고, 때로는 그 순종에 실패해서 내 믿음의 수준과 한계도 마주해 보아야 합니다. 그래야 다시 기도의 자리에서 씨름하고 그 은혜를 통해 같은 실패를 반복하지 않게 됩니다. 이러한 과정을 통해 우리 아이들은 믿음의 장성한 분량에까지 이르게 됩니다.

  기도의 자리에서 누린 은혜를 통해, 아이들은 육체의 소욕을 따르지 않고 성령님의 능력과 하나님의 도우심으로 살아갈 수 있습니다. 친구를 아끼고 소중히 여기는 사랑, 마음대로 되지 않아도 기다릴 줄 아는 인내, 다투던 친구와 화해하고 사이좋게 지내는 화평, 분노하지 않고 부드럽게 자기 생각을 이야기하는 온유와 같은 성령의 열매를 맺어가는 것입니다. 이렇듯 기도의 자리에서 하나님의 뜻을 깨닫고 누린 은혜는 이웃사랑으로 아름답게 결실을 맺어가야 합니다. 우리는 이웃사랑으로 행한 모든 선한 행실을 통해 하늘에 계신 아버지께 영광을 돌려야 합니다.

이렇듯 자녀들도 기도의 자리에서 결심한 것을 일상에서도 실천할 수 있도록 도와주어야 합니다. 저는 제 자녀뿐만 아니라, 교회에서 아이들을 말씀으로 가르치고 함께 기도하며 생활하다 보니 다양한 상황을 만납니다. 아이들이 모여 있는 곳은 늘 예측 불가능한 현장입니다. 치고받고 싸우다 서로의 감정이 격해진 상황에서는 긴급하게 멈추고 단호하게 말해 주기도 하고, 때로는 모든 상황이 종료되고 감정이 누그러졌을 때 따로 불러 이야기하기도 합니다. 말씀을 통해서 배웠던 이야기, 우리가 기도하고 다짐했던 것들을 삶에서 계속 일깨워줘야 합니다. 깨달은 바와 기도한 바, 그리고 삶이 모두 일치될 수 있도록 애쓰는 것입니다. 기도는 기도대로 하지만, 삶은 형편없이 살아가지 않도록, 머리로만 신앙생활을 하지 않도록 도와야 합니다. 그래야 우리의 기도는 삶이 되고, 우리의 삶은 하나님의 뜻을 이루는 기도가 됩니다.

아이와 기도했는데, 응답이 없을 때

자녀와 함께 기도하며 가장 피하고 싶은 순간이 바로 아이의 기도가 이루어지지 않았을 때입니다. 모든 것을 다 이루어 주실 것처럼 하나님을 높이고 하나님의 능력을 자랑하며 아이와 함께 기도했는데, 기도가 이뤄지지 않으면 자녀가 하나님께 실망하지는 않을까, 기도의 즐거움을 잃지는 않을까 염려되기도 했습니다. 신앙의 연수가 쌓인 부모는 말씀과 교리, 좋은 신앙도서를 통해 또 체험과 그간의 연륜을 통해 이러한 상황을 어떻게 받아들여야 하는지를 잘 압니다. 하지만 어린 자녀들은 아직 그러질 못합니다. 아이의 마음을 달래고자 기도의 결과를 바꾸려고 거짓말을 하거나 아니면 부모의 힘으로 해결해버리기도 합니다. 이는 부적절한 행동입니다. 자녀에게 일하시는 하나님을 신뢰해야 합니다.

저희 딸은 물건 하나를 살 때도 고민이 많습니다. 두 개 이상 사주지 않는 혹독한 엄마 아래 자라서 그런지, 두 개 다 사달라고 조르지 않고 고심 끝에 사고 싶은 것을 하나 고르지요. 특별한 날 선물을 사러 가서도 한참을 고르고 고르다가 어른들이 지쳐서 '이제 안 고르면 집에 간다'고 얘기해야 겨우 하나를 선택하는 신중한 아이입니다. 그래서 그런지 어린이집에서 시장놀이, 바자회를 할 때 종종 문제가 생겼습니다. 빨리 사야 그나마 한 개라도 원하는 것을 고를 수 있을 텐데, 한참을 고심하다 고르니 매번 남은 물건을 마지못해 가져오는 경우가 많았지요.

그래서 한 번은 잠자리에서 기도했습니다. 내일은 꼭 가지고 싶은 것을 빨리 고를 수 있기를 말이죠. 그렇게 기도하고 응원을 가득 담아 등원시켰습니다. 하원 시간에 걱정되는 마음을 안고 만나보니, 그렇게 기도하고 갔는데도 원하는 것을 사지 못했더랍니다. 순간 덜컥 무어라 이야기해 줘야 할까, 생각을 정리하는 와중에 은하가 '괜찮아, 그래도 재밌었어!' 라고 말하며 활짝 웃었습니다. 엄마는 당장에 필요한 놀잇감을 위해 기도했는데, 하나님께선 엄마가 미처 생각하지 못한 아이의 튼튼한 마음 밭을 준비해 주셨습니다.

만약 저희 딸이 그날 슬피 울며 돌아왔더라도 하나님께서는 은하에게 가장 좋은 것을 주셨으리라 믿습니다. 때로는 원하는 것을 갖지 못할 때도 있다는 것을 알려주셨을지도 모릅니다. 우리는 이유를 다 알 수 없지만 하나님이 계획하신 날들에 겸손히 순복해야 할 때가 많습니다. 어떠한 상황에서도 은혜로 마음을 지키기 위해 더욱더 기도의 자리를 지키는 것입니다.

기도 응답이 없는 상황에서 주의해야 할 것은 아이들에게 네 기도가 부족했다는 식으로 말하지 말아야 한다는 것입니다. 기도 응답이 없는 것은 나의 공로가 부족해서가 아닙니다. 하나님은 정성을 다해야 우리의 기도를 들어주시고, 우리의 치성이 부족하면 외면하시는 분이 아닙니다. 그분은 이미 우리의 모든 필요를 알고 계시고, 아버지가 되시기에 자녀에게 가장 좋은 것을 주시는 분입니다.

앞으로 우리의 기도가 응답받지 못하는 날이 숱하게 찾아올 것입니다. 내 욕심으로 구했기 때문일 수도 있고, 아직 주님의 때가 아니기에 그럴 수도 있습니다. 인간인 우리가 그 이유를 알 수 없는 건 지극히 당연합니다. 그러나 이것이 기도의 자리를 누리는 복의 걸림돌이 되어서는 안 됩니다. 하나님은 우리의 기도를 날마다 들으시며 날마다 선하게 인도하십니다. 내 기도제목의 성취 여부보다 복된 것이 바로 기도의 자리입니다. 출애굽 당시 이스라엘 백성들이 바라던 것들이 기적적으로 성취되었지만 그것이 이스라엘 백성들의 믿음을 붙잡지 못했습니다. 하나님께서 내리신 재앙 가운데 살아남았고 홍해가 갈라지는 놀라운 이적을 목도하기도 했지만, 그들은 여전히 하나님께 물이 없다 불평하고 금송아지를 만들어 자기들의 마음을 스스로 위로했습니다.

우리의 기도가 우리가 성취한 어떤 공로를 인정받아 응답되는 것이 아닙니다. 우리의 열정에 하나님께서 감동하셔서 기도가 응답되는 것도 아닙니다. 우리가 기도의 자리를 지키는 이유는 기도의 응답 여부가 아니라, 하나님과의 깊은 교제를 늘 사모하는 까닭입니다. 시편에서 많은 기도의 고백을 남긴 다윗은 응답 없는 상황에서 하나님께 불평하고, 상대를 벌주시기를 바라는 마음 가운데서도 기도의 자리를 포기하지 않았습니다. 우리 아이들 역시 기쁠 때나 슬플 때나 언제든지 하나님께 나아가 주님과 교제하길 소망합니다. 언제나 하나님을 즐거워하며, 하나님이 주신 것을 넘어 하나님을 누리는 아이들로 자라기를 소망합니다.

> "아무것도 염려하지 말고 모든 일에 기도와 간구로 여러분이 필요로 하는 것을 감사하는 마음으로 하나님께 말씀드리십시오. 그러면 도저히 상상도 할 수 없는 하나님의 놀라운 평안이 그리스도 예수님 안에서 여러분의 마음과 생각을 지켜 주실 것입니다"(빌 4:6-7, 현대인의 성경)

하나님의 응답을 바라는 우리의 마음이, 실은 내가 원하는 것을 응답받고자 했던 것은 아닌지 정직히 돌아봅시다. 상황의 변화와 무관하게 하나님은 늘 우리의 기도에 응답해 주십니다. 기도는 실로 어떤 상황에서도 은혜입니다. 죄로 물든 세상에서, 수많은 유혹과 사단의 악한 영향력 속에서 기도의 자리를 통해 하나님께서 우리 아이들의 마음을 지켜주시길 간구합니다. 날마다 기도로 주님과 동행하며 다 이해할 수 없을 때에도 하나님께 나아가는 아이들과 우리 부모님들이 되기를 전심으로 바랍니다.

자녀양육, 더 깊은 은혜의 자리로

예배,
우리 함께 하나님께 나아가자

아이들이 어렸을 때부터 예배의 의미를 알고, 스스로 예배
자가 되기를 바랐습니다. 엄마 손에 이끌리어 가는 예배가
아니라 마음으로 기다린 예배가 되길, 엄마가 쥐어주는 헌
금 봉투를 내기만 하는 것이 아니라 어렸을 때부터 주신 것
의 일부를 기쁨으로 드리는 아이로 자라기를 바랐습니다. 그
러기 위해서 엄마가 시키는 대로만 행동하는 수동적인 아이
가 되지 않도록, 예배 순서마다 그 의미를 알려주고 아이들
이 배운 대로 삶에서 익혀갈 수 있도록 가르치고 도와야 합
니다.

예배의 의미 가르치기

'나도 빵 먹을 거야!' 성찬의 의미를 몰라서 생기는 이런 엉뚱한 일도 있었습니다. 성찬 시간에 엄마만 성찬을 하는 모습을 보고 저희 아들이 소란을 피웠지요. 워낙에 간식 먹기를 좋아하는 아이라 왜 엄마만 먹냐고 떼를 쓰더니, 결국 포도주를 나눌 때 큰 소리로 울기 시작했습니다. 나는 왜 포도주스를 주지 않냐고 엉엉 울기까지 했지요. 아이들이 성찬식의 의미가 무엇인지 몰랐기에 어른들이 그저 간식을 먹는 정도로 여긴 것입니다. 성찬의 빵을 먹고 싶어 하던 녀석의 모습이 엉뚱하고 귀여웠지만, 성찬의 의미를 제대로 알려줘야겠다고 생각한 계기가 되었습니다.

이 외에도 헌금을 드리면 하나님이 언제 가져가시는지, 왜 어떤 순서에서는 일어나서 하는지, 축도시간에 목사님이 왜 양손을 들고 기도하는지 등 예배시간은 아이들이 모르고 궁금해하는 것 투성입니다. 당연하게 여겼던 예배 모습들을 다시 공부하며 아이들에게 아주 기초적인 단어부터 가르쳐주기 시작했습니다. 필요할 때마다 예배 순서에 담긴 의미뿐만 아니라, 예배에서 많이 사용하는 단어들도 아이들이 쉽게 배울 수 있도록 활동지를 만들어서 전해 주었습니다.

자녀에게 예배의 의미를 올바로 전해 주기 위해서는 부모의 공부가 필수입니다. 오히려 기본 개념을 알려주려고 하니 더 설명하기가 어려웠습니다. 예배의 의미를 잘 설명해 주는 『아는 만큼 누리는 예배』(홍성사)를 보고 공부했고, 『라이프 성경사전』(생명의말씀사), 『교회용어사전』(생명의말씀사) 등을 참고해서 필요한 개념들을 전해 주었습니다. 가르치는 것이 가장 좋은 공부라는 말을 절감했습니다. 그동안 습관적으로 마주했던 찬양, 십일조, 사도신경 등의 의미를 알게 되면서 점점 태도와 마음가짐이 바뀌어져 가는 걸 느꼈습니다. 예배도 이전보다 더 성실하고 진지한 마음으로 참여하게 되었습니다.

유월절을 한번 생각해 봅시다. 하나님께서 애굽을 향해 10번째 재앙을 내리시기 전, 모세와 아론을 통해 이스라엘 백성들에게 다가올 첫 번째 유월절을 어떻게 보내야 하는지를 알려주셨습니다. 그땐 평소와 다르게 허리에 띠를 두르고 신발을 신고 지팡이를 든 채 누룩 없는 빵과 쓴 나물을 먹게 하셨습니다. 여러 내용 중 특별히 눈에 띄는 부분이 있는데, 바로 자녀들이 이 의식이 무엇을 의미하는지를 물으면, 부모는 하나님께서 하신 일과 그 의미를 설명해 주라는 말씀입니다.

만일 여러분의 자녀들이 '이 의식은 무엇을 뜻합니까?'라고 물으면 여러분은 이렇게 대답하십시오. "이것은 여호와께 드리는 유월절 제사이다. 여호와께서는 이집트에서 그곳

사람들을 치실 때 우리 이스라엘 사람들의 집을 넘어가시고 우리를 살려주셨다. 그러자 백성들은 머리를 숙여 경배하였다"(출 12:26-27).

우리의 예배도 이와 같아야 합니다. 일상과 구별되는 공예배의 모든 과정과 내용을 자녀에게 자세히 설명해 주어야 합니다. 그럴 때 아이들은 올바로 예배를 드리게 되고, 부모들 또한 그 의미를 되새기는 가운데 주님을 경배하게 됩니다. 예배는 세상과는 구별된 거룩한 시간이기에 올바로 배우지 않으면 그 의미를 바르게 알기 어렵습니다. 겉으로만 따라 하는 것을 너머, 자녀들이 예배의 모든 순서가 갖는 의미를 잘 이해하고 신령과 진정으로 참여할 수 있도록 도와야 합니다.

공예배 익혀가기

어린아이들과 함께 공예배를 드리는 교회가 있습니다. 이것이 옳다고 여겨 온가족예배를 드리는 교회도 있고, 주일학교를 운영할 여건이 되지 못해 부득이하게 함께 예배를 드리는 교회도 있습니다. 어린 자녀들이 공예배를 함께 드리거나 따로 분리되어 예배를 드리거나, 이 둘 모두 결국 자녀들이 공예배에 참여하는 어른으로 자라기 위한 과정입니다.

아래 내용은 저희 아이들을 공예배에 참여하는 아이들로 키우기 위해 제가 시도했던 몇 가지 방법들입니다. 이것이 정답은 아니지만, 같은 문제로 고민하는 분들에게 작은 도움이 되고자 하는 마음으로 이곳에 남겨봅니다. 독자들은 이 부분을 아이와 교회 상황에 맞게 적절히 수정해서 적용하시길 바랍니다. 또한 참고하실 수 있도록 대략적인 나이를 기록해 두었으나 절대적인 기준은 아닙니다. 저 또한 두 아이의 발달 속도와 성향이 각각 달랐기에 각각 다른 연령대에 시도하기도 했습니다. 하지만 궁극적으로는 공예배의 은혜를 누리는 아이로 키우는 것이 부모로서의 책임임을 잊지 않았습니다.

어린아이들은 예배의 시작부터 끝까지 집중하기 어렵습니다. 처음부터 완벽하게 참여하도록 강요하지 말고 시간을 가지고 하나씩 참여할 수 있도록 도와야 합니다. 무엇보다도 사람이 신령과 진정의 예배자가 되는 것은 오직 주님만 하실 수 있는 일임을 인정해야 합니다.

⁑ 눈으로 익히기

영아기 시절에는 필요한 경우 자모실에서 예배를 드렸습니다. 돌 이전까지는 자모실에서 드리다가 걷기 시작하는 돌 무렵부터는 조금씩 공예배에 참여했습니다. 아이의 소리에도 큰 방해가 안 되는 회중의 신앙고백이나 찬양 시간까지는 참여하고 설교가 시작되면 자모실에 들어와 따로 말씀을 들었습니다.

유치원을 갈 무렵 4-5세부터는 아이가 예배의 앞부분에 참여할 수 있도록 어린이 사도신경, 십계명책을 구입하여 예배시간마다 함께 고백하고 낭독했습니다. 찬양도 완벽히는 아니지만 흥얼거리며 참여할 수 있도록 예배시간에 함께 부르는 찬양을 미리 들려주었습니다. 상황이 가능한 교회라면 주일 예배 찬양을 미리 숙지하고 자녀에게 들려주어 예배 가운데 함께 찬양할 수 있게 하는 것이 좋습니다.

이때부터 예배시간에 앉아 있는 힘을 길러주고자 노력했습니다. 말씀 시간에 아이가 좋아하는 그림성경책이나, 말씀색칠공부 등을 준비하고 '앉아' 있도록 연습시켰습니다. 처음엔 3분, 5분이 채 되지 않아 돌아다니며 떠들었습니다. 아이가 앉아있을 수 있는 만큼 있다가, 힘들어하면 자모실로 이동했습니다. 누구든 처음엔 시간이 걸립니다. 조급해하지 않고 언젠가 함께 예배할 날을 기다리는 마음으로 계속 지도했습니다. 계획한 방향으로 흘러가지 않는 날도 많았습니다. 첫째가 어느 정도 궤도에 올라설 때쯤 둘째 출산으로 다시 자모실 생활을 하게 되었지만, 그 안에서도 예배에 최선을 다했습니다.

아이들이 성장하면서 앉아 있는 시간이 늘어나고 부모 말을 듣고 이해하고 약속할 수 있게 되었을 때, 시작부터 끝까지 전부 참여할 수 있도록 미리 얘기하고 얌전히 앉아있게 도왔습니다. 언제나 완벽하진 않았습니다. 현재 저희 교회 아이들은 빠르면 세 돌, 늦어도 네 돌 이후부터는 공예배에 참여합니다. 의무는 아니지만 모두 자발적으로 참여합니다. 물론 여전히 소란스럽습니다. 하지만 그것을 방해라 여기지 않고 서로 이해하며 더 예배에 집중하고자 노력합니다. 성경에 나타난, 온 세대가 함께 예배했던 모습을 떠올려 봅니다. "백성의 남녀와 어린아이의 큰 무리"(스 10:1)가 함께 모였고, "부녀와 어린아이가 함께 한 큰 무리"(느 12:43)의 예배를 하나님께서 크게 즐거워하게 하셨던 것처럼, 온 세대가 함께 예배하는 모든 교회들에게도 동일한 은혜가 임하길 소망해 봅니다.

✳ 듣는 힘 길러주기

아이들에게 예배노트를 만들어 주고 말씀 속 단어를 그리게 했습니다. '주의 사자'라는 이야기를 사자(lion)로 오해하여 동물의 왕 사자를 그렸던 귀여운 에피소드도 있었습니다. 이런 시간들을 지나 아이들이 점점 예배노트에 끄적이는 것이 말씀에 귀 기울이는 훈련이 되었습니다. 글을 읽고 쓰는 시기 (6-7세)가 되었을 때 좀 더 듣는 힘을 길러주고자 했습니다. 예배시간에 말씀을 듣고 기억에 남는 문장을 쓰게 했습니다. 처음에는 간추려 쓰기보다 듣는 그대로 따라 썼습니다. 그러나 그 역시 귀 기울여 듣는 좋은 연습이 되었습니다.

저는 이제 막 초등학교에 입학한 자녀라 이 수준에 멈춰있는 단계이지만, 이후 시간이 지나면 말씀을 그대로 쓰기보다 기억에 남는 문장 쓰기, 요약해서 쓰기, 적용점과 기도제목 적기와 같은 다양한 방법으로 듣는 힘을 길러 갈 예정입니다.

✳ 예배 방법 가르치기

아이가 글을 읽기 시작할 때부터 함께 기독교백화점에 가서 직접 성경책을 고르도록 했습니다. 출판사별로 많은 종류의 어린이 성경이 있습니다. 엄마에게 성경책이 있는 것처럼, 이건 너의 성경책이라는 것을 알려주고 아이들 손에 각자의 성경을 쥐어주었습니다. 처음 성경을 사준 날, 성경책의 구성에 대해 설명해 주었습니다. 성경책 앞과 뒤에는 사도신경, 주기도문, 십계명이 있고, 이 세 가지는 성경의 맨 앞과 뒤에 있을 만큼 중요한 기독교 신앙의 뿌리라는 것을 알려주었습니다.

성경 보는 방법도 알려줘야 합니다. 어른들은 성경을 찾는 것이 익숙하지만, 자녀들에게 성경은 알쏭달쏭한 내용은 물론 구성까지도 알기 어려운 것들 투성입니다. 앞에는 예수님이 오시기 전 오래된 약속인 구약이라는 것과, 뒤에는 예수님이 오시고 난 이후의 새로운 약속인 신약이라는 것을 알려주었습니다. 성경은 쉽게 찾을 수 있도록 장과 절로 구분되어 있음을 알려주고 아이와 함께 찾아보았습니다. 찬송가도 동일한 방법으로 아이들이 스스로 찾게끔 훈련시켰습니다. 이것은 시간이 꽤 오래 걸리는 일입니다. 한 번에 습득할 수 없음을 인정하고 천천히 여유 있게 예배드릴 때마다 조금씩 알려주며 함께 찾아보았습니다.

다음으로 알려준 것이 바로 주보 보는 방법입니다. 주보를 준비해서 예배순서에 따라 성경책을 열어 찾아보는 방법을 알려주었습니다. 주보를 보며 예배흐름과 순서의 의미는 물론 광고(교회소식)를 살피는 법과 그 의미도 가르쳤습니다. 교회의 일정과 교회 내 지체들의 상황을 아는 것은 한 공동체로서의 교회를 경험하게 하는 중요한 일이기 때문입니다.

성경 함께 보기

절기를 가르침

부활절, 성탄절과 같은 교회의 중요한 절기들을 알려주었습니다. 앞서 이야기드린 이스라엘 백성들이 유월절 사건의 의미를 자녀에게 설명해 주었던 것처럼, 중요한 절기를 미리 설명해 주고 그 의미를 생각하며 그 시간을 참여하게 했습니다.

✲ 성탄절

성탄절은 아이들에게 복음을 알려주기에 참 좋은 절기입니다. 추운 겨울이 다가오면 거리는 온통 크리스마스트리로 물들지요. 다양한 문화와 축제가 넘쳐나는 계절에 우리는 예수 그리스도의 오심을 묵상합니다. 우리는 왜 성탄절을 세상과 다르게 보내는지, 하나님이시며 이 땅의 모든 것을 취하실 수 있는 분께서 왜 인간으로 오셔야 했는지, 어떤 모습으로 오셨는지, 그리고 왜 죽으셔야만 했는지를 아이들과 나눴습니다.

성탄과 관련된 다양한 그림책이 있습니다. 집에 있는 다양한 성탄 그림책을 여러 번 다른 각도에서 함께 읽었습니다. 아이들의 기억에 오래 남도록 활동지를 만들어 의미를 되새겼습니다. 저희 가정은 성탄절이 다가오면 함께 '복음트리'를 만들었습니다. 아이들과 함께 복음의 메시지를 담은 그림을 오리고 색칠해서 복음트리에 걸면서, 죄인인 우리에게 예수 그리스도의 오심이 얼마나 기쁜 소식인지 나누었습니다. 또 많은 분들이 사용할 수 있도록 가정예배를 위한 자료 형태로 제작해 배포했습니다. 많은 분들이 이 자료를 받아가셨고, 가정에서 복음트리를 만들고 함께 예배하는 모습을 공유해 주셨습니다. 이것이 많은 분들에게 도움이 되어 무척 감사했습니다.

❋ 부활절

성탄절을 통해 예수님의 죽으심을 알려주었다면 그다음 반드시 알려주어야 할 절기가 있는데, 바로 부활절입니다. 기독교인의 삶의 여정은 예수 그리스도의 죽음과 죄 용서로 끝나는 것이 아니라, 그분의 부활에 동참하는 것에 있기 때문입니다. 죄의 결과가 무엇인지, 예수님께서 왜 죽으셔야만 했는지, 다시 살아나신 예수님은 우리에게 어떤 의미가 있는지를 알려주어야 합니다.

성탄절과 같은 방법으로 아이들과 함께 성경이야기를 담은 그림책으로 중요한 내용을 먼저 배웠습니다. 죄의 벌, 죽음, 부활과 같은 개념을 아직은 이해하기 어려운 아이들을 위해 그림으로 설명해 주었습니다. 이후 이 내용을 담은 활동지를 만들어 아이들이 즐거워하는 놀이를 통해 그 의미를 보다 자세히 되새기도록 지도했습니다.

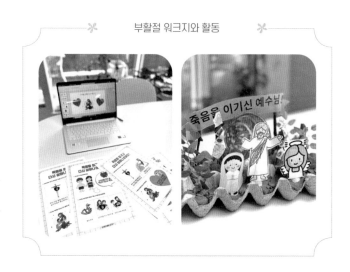

부활절 워크지와 활동

예배 준비하기

자녀들이 엄마 손에 이끌리어 가는 것보다 스스로 예배를 준비하는 아이가 되길 바랐습니다. 먼저 아이들에게 교회 가방을 만들어 주었고 그 안에 성경책, 헌금, 교회숙제, 예배노트를 스스로 챙길 수 있도록 알려주었습니다.

특히나 헌금은 부모인 저도 미리 준비하지 못한 경우가 많았습니다. 카드를 주로 사용하는 시대라 준비된 현금이 없어서 급하게 근처 CD기에서 돈을 인출해 가기도 했습니다. 예배의 내용만큼 중요한 것이 형식이라는 조언에 따라 헌금도 미리 준비해야겠다는 생각을 하고 아이들과 함께 헌금 준비함을 만들었습니다. 미리 사용할 지폐를 채워두고 교회 가는 아침마다 아이들이 스스로 준비할 수 있게 했습니다. 자녀들이 스스로 예배를 준비할 수 있도록 도와주는 것이 중요합니다.

헌금 준비함

그러나 무엇보다도 중요한 예배 준비는 자녀의 마음입니다. 어렸을 때부터 예배의 은혜를 깊이 누림으로 늘 예배를

기다리고 사모하는 아이로 자라는 것이 먼저입니다. 그러기 위해선 무엇보다 하나님의 도우심이 필요합니다. 자녀의 신앙은 부모의 노력으로 만들 수 없습니다. 먼저 하나님 앞에 엄마가 무릎을 꿇어야 합니다. 예배의 모든 과정을 인도해 주시기를, 우리 아이가 예배 가운데 하나님을 만나고 은혜받기를 늘 기도해야 합니다.

매주 예배를 준비하며 저희 아이들뿐만 아니라 교회 모든 아이들을 위해 하나님께 기도드립니다. 아이들이 예배를 사모할 수 있기를, 하나님의 은혜를 깊이 누리는 아이들로 자라기를, 성령의 열매인 온유하고 인내하는 마음을 주시기를 기도하며 예배에 참여합니다.

예배 준비 말씀과 적용 활동

가정예배 드리기

많은 분들이 가정예배에 관심을 갖고 그 중요성에 대해 공감하십니다. 관련된 책들도 많습니다. 하지만 실제로 가정예배를 지켜나가는 것은 무척 어렵습니다. 아이를 키우며 스스로의 경건시간을 확보하기도 벅찬데 부부가 시간을 맞추고, 정신없이 뛰어다니는 자녀들을 자리에 앉혀 함께 예배를 드리는 것은 크나큰 결심과 노력이 필요합니다.

하지만 가정예배는 온 가족이 하나님께 영광을 돌리고 함께 하나님을 배우는 가운데, 하나님이 주시는 은혜와 연합의 복을 누리는 아주 소중한 시간입니다. 작은 교회인 가정이 진정으로 교회다워지는 때가 바로 가정예배를 드릴 때입니다. 영어, 수학, 미술, 한글교육에는 많은 시간을 보내고 있지만, 자녀의 신앙을 세워가는 가정예배를 미루고 있었다면 마음의 우선순위를 다시금 살펴볼 필요가 있습니다. 자녀에게 가장 필요한 것은 무엇인지, 무엇이 자녀를 진정한 행복으로 인도하는지 부모가 먼저 마음의 결심이 굳게 서야 합니다. 그래야 어떤 상황에서도 이 시간을 구별하여 지켜나갈 수 있습니다.

가정예배의 방식을 알아보기 위해 여러 책과 논문들을 살펴보았습니다. 글을 모르는 미취학 아동들도 적극적으로 참여할 수 있는 가정예배 방식을 고민했습니다. 그러다 결국 주일학교 어린이 예배 형식을 그대로 가정에 옮겨 오기로 했습니다. 어린이 예배 교재를 선택하면 그 안에 담긴 영상과 활동지, 말씀 암송과 같은 자료들은 물론, 교사용 교재에 있는 전달 방식 등도 배울 수 있습니다.

저희 가정은 영유아부터 청장년까지 같은 본문으로 공부할 수 있고, 창세기부터 계시록까지 예수 그리스도의 복음에 비추어 말씀을 바라보는 내용이 담긴 『가스펠프로젝트』(두란노)를 사용했습니다. 성경이야기와 적용점뿐만 아니라 기초적인 교리도 담겨 있어, 아이들에게 성경은 물론 교리를 알려주기에도 좋습니다.

무엇보다 예배 시간이 무언가를 배우고 가르치는 그저 학습시간으로 전락하지 않으려면, 부모는 교육자 이전에 예배자의 마음으로 예배에 참여해야 합니다. 부모가 먼저 말씀의 은혜를 누리고 나눔에 진지하게 참여해야 합니다. 그래야 자녀들도 그 모습을 보고 예배의 태도를 익히고 하나님을 경외하는 아이로 자랄 수 있습니다.

저희 가정의 가정예배 순서는 다음과 같습니다.

① 기도
② 본문말씀 봉독
③ 성경스토리 영상 시청

④ 말씀암송 영상 따라 하기

⑤ 부모의 말씀 설명

⑥ 교재, 활동지

⑦ 질문과 나눔

⑧ 기도제목 정리

⑨ 기도

가정예배 교재와 워크지

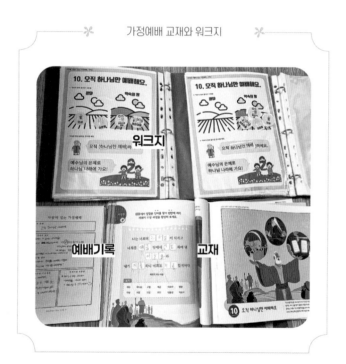

저희 가정은 정한 순서에 따라 먼저 기도로 예배를 시작합니다. 말씀을 읽고 성경스토리를 보고 암송 영상을 따라한 뒤, 아빠가 말씀에 담긴 의미를 교재와 활동지를 통해 알려줍니다. 남편이 불신자이거나 참여가 어렵다면 아이들을 방치하지 말고 엄마가 가르쳐야 합니다. 이후 예배시간에 자녀들이 말씀을 듣는 것에서 끝나지 않도록, 삶으로 적용하는 연습을 해야 합니다. 그러기 위해서 아이들에게 항상 질문하고 적용점을 물어보았습니다. 그리고 말씀 시간에 배운 내용과 가족의 기도제목, 적용점들을 매주 기록하게 했습니다.

좋은신앙습관 공동체 온리블을 통해 많은 가정과 함께 예배를 드렸습니다. 그동안 깨달았던 몇 가지 지혜를 나눕니다.

첫째, 모든 것을 알려주지 않아도 괜찮습니다. 부모가 계획한 모든 것을 빠짐없이 알려주고자, 자녀들을 무리하게 교육시키거나 채근하지 말아야 합니다. 자녀의 연령에 따라 준비한 한두 개 정도만 이야기하고 나머지 이야기는 평소에 나누어서 전해줘도 괜찮습니다. 잠자리에서 혹은 식사 중에 다 하지 못한 이야기를 전해도 됩니다. 아이를 완전히 이해시키려고 하거나 한 번에 믿기를 바라지 않아야 합니다. 우리는 설득자가 아닌 전도자입니다. 말씀을 깨닫고 이해하고 믿게 하는 것은 오직 하나님이십니다. 그 은혜를 구하며 전해야 합니다. 예배의 완성보다는 과정을 아름답게 만들어 가도록 애써야 합니다.

둘째, 질문과 나눔 시간을 가져야 합니다. 아이들은 아직 말씀을 생각하고 적용하기 어렵습니다. 부모가 계속 도와줘야 합니다. 부모가 먼저 질문에 답변하며 예시를 보여주면, 아이들도 곧잘 따라서 이야기합니다. 처음부터 이야기하지 않아도 괜찮습니다. 시간이 지나면서 자연스럽게 스스로 생각하고 자기 생각을 이야기할 수 있는 아이로 자랄 것입니다. 하나님께서 우리 아이들을 키워가신다는 사실을 믿고, 남들과 비교하지 않고 조급해하지 않는 것이 중요합니다.

셋째, 완성도보다는 지속에 무게를 두어야 합니다. 한두 번 여건이 안 되어 조금씩 미루다가 결국 완전히 포기하는 경우를 많이 보았습니다. 오늘부터 다시 시작하는 마음으로 지속하는 데에 의의를 두어야 합니다. 포기하지 않는 것이 중요합니다. 그러기 위해선 무엇보다도 부모의 신앙이 중요합니다. 자녀의 진학이나 취업에 필요한 공부에는 모든 열정과 지원을 마다하지 않으면서, 가정예배는 조금만 문제가 생기면 미루거나 포기하는 모습을 보게 됩니다. 그 부모의 우선순위가 고스란히 드러나는 장면입니다. 마음의 우선순위를 늘 점검해야 합니다.

✳ 나가는 말

여기까지 책을 완주하신 분이라면, 마음에 몇 가지 결심이 세워지셨겠지요? 하지만 단단했던 열심도 세상의 걱정과 유혹을 만나게 되면, 우린 언제 그랬냐는 듯 까맣게 잊은 채 다시 예전처럼 살아가기도 합니다. 그러나 문득 주님의 은혜가 새롭게 다가올 날이 분명 다시 찾아옵니다. 부모의 열심과는 차원이 다른 하나님의 열심 때문입니다. 이 책이 하나님의 은혜로 다시 신앙교육을 시작해야겠다는 마음이 드는 날, 언제든 다시 꺼내보는 좋은 친구 같은 책이 되길 바라며, 마지막으로 두 가지 당부를 드립니다.

첫 번째, 여러분의 신앙을 더 견고히 세워 가시길 바랍니다. 신앙교육을 지속하기 위해서 반드시 준비되어야 하는 것이 바로 부모의 신앙입니다. 부모에게 하나님이 가장 우선이 되어야 합니다. 그래야 분주한 이 시대에서 마음을 지켜 하나님의 사람답게 자녀를 길러갈 수 있습니다. 자녀를 낳고 말씀과 기도의 자리와 멀어졌다면 다시 시간을 구별해야 합니다. 오늘부터 바로 은혜의 자리로 나아가시길 바랍니다.

두 번째, 연약한 부모를 돕는 공동체와 '함께' 해 나가시길 바랍니다. 하나님께서 알려주신 공동체의 힘, 쉽게 끊어지지 않는 삼겹줄의 지혜를 기억해야 합니다. 여러분에게 가장 좋은 공동체는 바로 여러분들이 몸 담고 있는 교회 공동체입니다. 교회 안에서 이루어지는 교육과 훈련에 열심히 참여하시길 바랍니다. 필요한 교육이 있다면 교역자에게 이야기하십시오. 목회자는 성도의 열심을 기뻐합니다. 그렇게 교회 안에 은혜의 장을 열어가면 다른 교인들도 그 유익을 함께 누릴 수 있습니다.

교회 개척을 준비하며 혼자 하기 어려웠던, 신앙 습관을 쌓아가는 일을 위해 사람들을 모아 성경을 읽기 시작했습니다. 10명, 20명으로 시작했던 작은 모임이 지금의 좋은신앙 습관 공동체 온리블의 시작이 되었습니다. 현재는 함께 성경을 읽고, 가정예배를 드리고, 자녀교육에 필요한 강의도 진행하고 있습니다. 여러 상황으로 혼자 신앙을 지켜가기 어려운 분들은 언제든 찾아오시기를 바랍니다. 제가 손잡아 드리겠습니다.

이제 여러분의 이야기를 쓸 시간입니다.

✻『엄마가 된 _____의 신앙이야기』

✳ 참고 도서

데이비드 반드루넨, 『하나님의 두 나라 국민으로 살아가기』, 부흥과개혁사, 2012

R. C. 스프로울, 『웨스트민스터 신앙고백 해설』, 부흥과개혁사, 2011

박영선, 『교회』, 복있는사람, 2023

박영선, 『박영선의 기도』, 무근검(남포교회출판부), 2016

백금산, 『만화 어린이 사도신경』, 부흥과개혁사, 2014

백금산, 『만화 어린이 주기도문』, 부흥과개혁사, 2014

백금산, 『만화 어린이 십계명』, 부흥과개혁사, 2014

백금산, 『만화 웨스트민스터 소교리문답1』, 부흥과개혁사, 2010

백금산, 『만화 웨스트민스터 소교리문답2』, 부흥과개혁사, 2010

엘리즈 M. 피츠패트릭, 제시카 톰슨, 『자녀교육, 은혜를 만나다』, 생명의말씀사, 2013

조엘 비키, 『하나님의 약속을 따르는 자녀양육』, 지평서원, 2012

황희상, 『특강 소요리문답(상)』, 흑곰북스, 2020

황희상, 『특강 소요리문답(하)』, 흑곰북스, 2020

이 책에는 저자의 육아이야기가 교리적으로, 또 실천적으로 담겨 있습니다. 전반부에는 아이를 신앙으로 양육하는 데 있어 엄마가 알아야 할 중요한 신앙의 개념들을 성경과 교리를 통해 설명합니다. 후반부에는 말씀과 기도와 예배를 아이들에게 어떻게 가르쳐왔는지 그 실질적 방법들을 소개합니다. 저자의 경험을 바탕으로 한 여러 교육적 노하우들을 꼼꼼히 알려줍니다. 이 내용들은 저자가 오래도록 섬겨온 온라인 사역, 좋은신앙습관 공동체 온리블에서 많은 분들과 공유해온 내용들을 바탕으로 합니다.

저자가 온리블 사역에서 집중하고 있는 부분은 가정예배와 성경통독입니다. 신앙의 가정에서 나타나야 할 좋은 신앙습관이란 바로 예배와 말씀이라는 것이죠. 저자는 교회를 섬기는 사모로, 두 아이를 키우는 엄마로, 또 사업가로 눈코 뜰 새 없이 바쁜 와중에서도 온리블 사역을 성실히 섬기며 저자의 가정은 물론, 수많은 가정의 신앙을 올바로 세워가는 일에 전력을 다하고 있습니다.

이런 저자를 지탱하는 힘은 바로 하나님의 섭리의 은혜입니다. 이는 책의 첫 챕터인 '섭리가 필요한 때, 제가 아이를 잘 키울 수 있을까요?'에서 잘 드러납니다. 여러 교리와 신앙의 개념들을 다루는 이 책에서 저자는 가장 먼저 섭리 교리를 소개합니다. 섭리는 하나님의 뜻이자 하나님의 다스리심을 말합니다. 전능하신 하나님의 다스리심은 신자에게 있어 가장 큰 확신이자 평안입니다. 이러한 섭리 가운데 있는 신자의 미래는 결코 어둡지도 막막하지도 않습니다. 녹록지 않은 육아의 현실에서 저자는 늘 섭리의 은혜에 감사했고, 그로 인해 늘 평안과 확신 가운데 거할 수 있었습니다. 저자가 이 책을 통해 강조하고 싶었던 것은 결국, 우리의 모든 생각과 마음과 현실을 다스리며 보호해 주시는 은혜, 즉 섭리의 은혜는 아니었을까 생각해 봅니다.

엄마라는 존재는 참으로 특별하고 소중합니다. 엄마는 천하보다 귀한 생명을 품고 그 생명과 세상을 이어주는 실로 고귀한 존재입니다. 자신의 생명을 걸고 새로운 생명을 잉태하는 엄마의 수고는 세상 그 무엇과도 비교할 수 없을 만큼 숭고합니다. 마치 자신의 생명을 바쳐 인류를 구원하신 예수님의 모습을 떠올리게 합니다. 엄마는 이 땅에 존재하는 그 누구보다 존중받아 마땅합니다.

저자의 제안은 단순히 글과 지식 안에 머물고 있지 않습니다. 저자의 깨달음은 늘 현장에서였습니다. 자신에 대한 성찰은 실패와 좌절 중에 피어났고, 그 가운데 저자가 누린 위로와 확신은 어떤 상황에서도 놓지 않던 말씀과 교리 덕분이었습니다. 저자가 늘 강조하는 '좋은신앙습관'이 이것을 가능하게 했다고 생각합니다.

우리 아이들이 어떻게 하나님의 은혜를 알고 누릴 수 있게 될까요? 그 어떠한 가르침보다도 아이들은 부모의 삶을 통해 신앙을 배웁니다. 자녀를 향한 엄마(아빠)의 숭고한 마음과 헌신, 그리고 어떠한 어려움 속에서도 지켜나가는 '좋은신앙습관'이 아이들과 우리의 가정을 지킬 것입니다. 이 책을 통해 저자의 제안에 진지하게 귀 기울여 봅시다.

지우

지우
겸손하고 선한 그리스도인들을 위한
좋은 책을 만듭니다.

엄마가 된 나의 신앙이야기

초판 발행 2024년 5월 8일

지은이 이슬기
펴낸이 박지나
펴낸곳 지우
출판등록 2021년 6월 10일 제399-2021-000036호
이메일 jiwoopublisher@gmail.com
인스타그램 instagram.com/jiwoopub
페이스북 facebook.com/jiwoopublisher
유튜브 youtube.com/@jiwoopub

ISBN 979-11-93664-03-2　03230

ⓒ 지우